관계의 허기

관계의 허기

초판 1쇄 발행 2025년 8월 8일

지은이 정능소
펴낸이 장현수
펴낸곳 메이킹북스
출판등록 제 2019-000010호

디자인 홍규선
편집 홍규선
교정 안지은
마케팅 김소형

주소 서울특별시 구로구 경인로 661, 핀포인트타워 912-914호
전화 02-2135-5086
팩스 02-2135-5087
이메일 making_books@naver.com
홈페이지 www.makingbooks.co.kr

ISBN 979-11-6791-729-4(03810)
값 16,800원

ⓒ 정능소 2025 Printed in Korea

잘못된 책은 구입하신 곳에서 바꾸어 드립니다.
이 책의 전부 또는 일부 내용을 재사용하려면 사전에 저작권자와 펴낸곳의 동의를 받아야 합니다.

메이킹북스는 저자님의 소중한 투고 원고를 기다립니다.
출간에 대한 관심이 있으신 분은 making_books@naver.com으로 보내 주세요.

관계의 허기

정능소

사람들은 여전히 옛 가락으로 위로받기를 원하며
희망의 깃발로 펄럭이기를 바랍니다

메이킹북스

시인의 말

   내가 낳은 자식이 세상에서 이쁨받는 것을 어느 부모가 바라지 않겠냐마는

   부모를 닮은 것이 자식인지라 뚝배기를 도자기로 보아주기를 바랄 수는 없는 노릇이기에

   저마다 본 세상의 속살은 다르지 않을까, 이야기를 풀어내는 방식도 다를 테고

2025년 7월
정능소

목차

시인의 말 5

꿈을 꾸다

구름 의자 12 여름에 내리는 눈 13 동고비 14 꿈을 꾸다 15
무생채 17 살아난 이미지 18 겨울 해변 19 심 봉사의 비애 20
별 총총한 밤에 21 겨울 국화 23 박제된 화양연화 24
집들이 초대장 25 싸리 울타리 26 가을 부고장 27
꿈꾸는 자 29 촛불, 타오르다 30 개울물 소리 31
풍경, 1970 33 동숙이 34 돈벌레 35 터 36
새해 37 가출 38 신의 바퀴 39 단주 42
종소리 44 황반 변성 45 객동客冬 맞이 46 바랜 사진 47
그 겨울의 악취 48 별아, 내 가슴에 49 목침의 기억 51
헌 것 52 난간에 나 홀로 53 대못 54 목련이 오는 길 55
한 송이의 전령 56 관계의 허기 57 흐린 날의 풍경 58
홍운탁월烘雲托月 59

배냇저고리

들녘 바람 62   사소한 날 64   난파선 65   가을 새 67
배냇저고리 68   이상한 나라 앨리스 69   알 70
벼랑과 벼랑 사이 71   건어물 가게 72   개복숭아 73
홀애비 나무 74   행장 75   올빼미 77   빗소리 궤적 79
명자야, 명자야 80   섬뜩한 칼날 81   쭉정이끼리 82
낙과 83   묵은 번데기 84   길몽 꾸는 밤 85   애옥살이 86
칡넝쿨 88   낭패란 골목에서 89   병어 91   해국 93
정거장 94   소돔의 서막 95   그림자의 뼈 96
마른 내 97   가시 숲 98   칼날 위에서 99   웅덩이 속 악마 100
깊은 못 101   여행의 정설 102   삭풍 103   방아깨비 104
된여울 105   잔인한 계절 106   소금쟁이 107   머리를 판 사내 109

기억이란 무덤

물 넘치던 날 112   풀 바람 113   깨진 종소리 114   황소 115

생각하는 나무 116   맥장꾼 117   마음속의 세상 118   헛간에서 119

묵은 이빨 120   별의 눈초리 121   까마귀 울음 123   소박한 소망 124

흩날리는 불티 125   자전거 도둑 126   향 127   소한 128

손돌이바람 129   귀신 탈 130   배꼽의 때 131   그해 여름 132

깃발 133   오일장 개암나무 134   백발의 날에 135   일그러진 얼굴 136

별빛 흐르는 밤 137   아귀 입 138   썩고 삭은 것 139   아기단풍 140

흠뻑 젖은 날 141   기품이란 가면 142   촉 143   마른벼락 144

기 억 이 란 무 덤 146   고 비 사 막 147   비 늘 148

달랭이 진주 목걸이 149   모닥불 꺼진 후 150   두려움이란 손님 151

12월 달력 152   벼랑을 건너서 153

홀아비바람꽃

강의 노래 156   바람의 기억 157   까마귀 부리 158   동창회 159
디오게네스의 변론 160   군병들의 노래 162   바퀴 빠진 기차 163
고통의 끝 164   비정한 달 165   시작과 끝 166   섣달, 긴긴밤에 167
숨 168   불놀이 169   모락모락 170   슬픈 바다 171
잿빛 흐린 날 172   중환자실에서 173   모래 나신상 174
얼룩 175   똥파리의 꿈 176   물메기 177   폭풍 속에서 178
홀아비바람꽃 179   둑 180   갈대밭에서 181   장마 182
난쟁이 느릅나무 183   예번즉란 184   살모사 185
이끼 낀 우물 186   묵화 187   바위 어른 188   꽃무늬 이불 189
오래된 식탁 190   당나무 191   종합병원에서 192   빗소리 193
샹그릴라 194   겨울 모기 195   이징가미 196

[발문] 벼랑과 벼랑 사이 198

꿈을 꾸다

구름 의자

느릅나무 아래 칠 벗겨진 의자를 놔두고 달빛 환히 쏟아지는 밤에

고흐 선생을 앉혀 담배 한 개비 건네고
나도 하나 물고

선생이 달빛 속으로 길게 연기를 내뿜으면 조심스레 물어본다
허망한 꿈을 몇 번이나 꾸셨냐고, 꿈 깨어 목 칼칼한 갈증은 어떻게 푸셨냐고,

화폭에 별을 뿌렸던 고흐,
영혼과 맞바꾼 별 중에 하나라도 가질 수 있었던가

밑바닥에서 심해를 보고자 했으니 가슴에서 불이 날 수밖에

뱀의 혀 놀림에 놀아난 이브 이래 생시 같은 헛꿈을 안 꾼 자 누구인가?

너와 나, 바람에 쉬이 흩어지는
구름일지니

여름에 내리는 눈

밖은 38도,
에어컨이 달린 작은 방은 25도

작은방을 요새 삼아 들락날락하는
아내를 피해

눈 감고 어린 시절의 십여 리 교회당 가던 겨울 풍경을 소환하노라면

작은 방은 얼어붙은 개울이 되고 함박눈이 펑펑 쏟아지는 들녘으로 바뀐다

푸른 하늘의 차가운 빛과 눈 덮인 논밭 속에서 꽁꽁 얼어 터지던 보리싹,

가로질러 교회당으로 달려가던 아이는 그 겨울을 가슴 깊숙이 묻어 놓고

여름이 되면 동치미 국물로
한 사발씩 퍼마신다

동고비

남새밭에 동고비가 죽어 있다

마치 살아 있는 듯하다

죽어도 산 듯한 자가 있고
살아도 죽은 듯한 자가 있으니

이치에

죽은 자는 산 자를
둥지 삼아 살아갈 수 있지만

산 자들은 죽은 자가 굴리는 바퀴에 올라타고 있지 않은가

동고비야,
너는 이제 누구의 날개를 빌려 날아가려느냐

날아라
부디, 저 창공을 넘어서
끝없이

꿈을 꾸다

그대와 나,
빛 아래
두 가닥 푸른 연기로 또렷이 피어올랐을 때

하늘은 높았고
바람은 잔잔하여 두려울 게 없었다네

서로 휘감아 희롱하던
날은 짧았고

사나운 바람에 살 파먹히는 날이 시작되었으니

연기로 쌓아 올린 둑은 허물어졌지

그대와 나,
흔적 없이 사라져야 하는 두려움을 안고

늙은 노새가 끄는 짐수레 힘겨운 호밀밭에서
굽은 허리로 이삭 줍는
한낮이
무의미한 날이 아니다, 증명하는 것에

힘 부치던
날,

과정만 있을 뿐인
여정에

연기를 헤치며 필사적으로 꿈에서 깨어나려는
몸부림으로

길 끝자락에 다다르면 서로 애타는
살 비빔이었을
유희를

무생채

무생채가 당긴다는
그녀,

흰밥엔 노릿한 갈치가 제격 아닌가?
아니란다, 하얀 쌀밥에 무생채를 한 번 쓱쓱 비벼 먹고 싶단다

퇴원 길에 큼직한 무 하나와
달걀 한 판을 샀다

그녀를 침대에 눕히고 쌀 안친 밥솥에다 쪽파 쫑쫑, 썰고 달걀 푼 것을 얹고

무채 썰어 새우젓 고춧가루 한 숟가락씩에
생강 마늘 다져 뚝딱 무친
무생채,

밥상 앞에 마주한 그녀와 나, 깊은 상처는 혀가 닿지 않아 늘 핏물이 배어 있지

알 수 없어라 터널을 벗어났는지
아직 터널 속인지를

살아난 이미지

가로수 길 걷노라면 저쪽에서 그가 나타나 거침없이 내 쪽으로 다가온다

여기에 서면 언제나
만나는 그,

그날에 우리는 하루도 이 길을 거른 적이 없었다

보도블록 길이 토해낸 그가 점차 내게로 온다 독질에 걸려 육탈골립된 모습이 아니라

보기 좋았던 살 오른 모습으로 줄무늬 셔츠와 그의 씁쓸한 미소까지 영락없으니

내 호리병 속 옛 모습
그대로이다

사슴벌레 뿔이 날카로워 물방개로 고쳐 그린 벽에서
사슴벌레 뿔이 뚫고
나오고 있다

겨울 해변

 식당가는 지난여름의 아우성으로 숨 고르고 카페는 임시휴업 상태이다 어떤 이들은 여름에만 있는 바다인 줄 알지만 바다는 자기 자리에서 떠난 적이 없다

 썰물은 물러가 멀리서 반짝이고 백사장엔 아직 남은 발자국으로 소란하다 지난날 슬픔은 코딱지만도 못한가, 애끓었던 기억에 피식 코웃음이 터진다

 바람 몸살에 착상 어려웠던 날 지나서 껍질 질긴 나무가 됐다 그날엔 일시적이란 게 와닿지 않았었다 가변적인 것이… 짭짤하다 바다 냄새가

심 봉사의 비애

어둠 속에 있을 땐 세상을 그릴 수 있었다

샤갈과 달리는 눈으로 구부렸지만

내가 그리는 세상엔 물처럼 연기처럼 자유로이 풀려나갈 수 있었으니

짙은 어둠일수록 펄럭이는 환영은 또렷하지

거적을 벗어던지니
갓난아기 되었고

층층으로 쌓아 올린 탑이 눈 뜨니 하루아침에 허물어지더군

어둠 속 일은 어둠 속에서 끝내야 했어

알 깨고 나와 보니 손에 쥐여주지 않으면 아무것도 할 수 없는 동네에서

빤하게 눈 뜬
당달봉사로

별 총총한 밤에

소나기 그친
밤하늘이
묵청색 천에다 유릿가루 한 줌을 흩뿌린 것 같습니다

푸른빛을 쏘는
별 하나

사람이 죽으면 별이 된다는 노래가 있다지만 지구보다 큰 별들이 수두룩한 것을

초등학생도 알고 있는
마당에

사람들은 여전히 옛 가락으로 위로받기를 원하며
희망의 깃발로 펄럭이기를 바랍니다

눈 밝아져

잃은 것은 황폐해진 집이요 얻은 것은
짤랑대는 동전 몇 푼이니

통증이 심하면 병원에서도 마약 성분의 약 처방을 내리듯 어떤 생시는

꿈처럼 몽롱해야

가시 박힌 아픔이 무딜 때가 있습니다

별 하나를 두고 누구의 영혼이 아닐까, 가 아니라 인공위성이 아닐까, 라며 세모로 째린 눈이

꿈을,

꿈으로 받아들이지 못하는 참, 어려운
세대입니다

겨울 국화

끝내
시들고 녹으니

한 점
얼룩으로 남아

한 철 내내 코 찌르던 향기

도요 방년이 어제의
꿈이라

피멍울로
맺혀

다시 만날 그날까지
잊을 수 없으리

무서리 맞으며 뿜어내던
한기 서린
향기를

박제된 화양연화

이번엔 얼마쯤 걸리려나?
대학병원, 거대한
성城이다

정신이 시끄러우면 움직여서 가라앉히는 것이
최고의 수,

쓸고 닦고 한 줌 허리 시절 그녀의 옷가지를 비닐봉지에 터져라 담아 두고서

등에 땀이 흥건할 만큼
청소에 몰두한 뒤

잠시 쉬자며 바라본
벽,

액자에서 회사 야유회 동료들과 환히 웃고 있는 그녀

영산홍도 그녀도 연분홍으로 물들여진 오월의 어느 날이 화양연화로 박제되었다

집들이 초대장

그대여,
마당 넓은 집을 구했다오

상수리나무가 토하는 서늘한 기운에 휩싸인 집이라오

한 번 들르시오

우리, 영원히 서먹해야 할 사이는 아니잖소 부딪힌 칼날에 튄 불똥에 데인 날은 있었지만

그대와 나,
칼날이 무디어졌을 지금쯤에 얼굴 한 번 봅시다

강물은 기다리지 않고 구름은 머물러 있지 않을 테니

결이 달랐다는 것으로 마무리
짓는 것이 어떻겠소

수국 흐드러질 유월쯤에 들러주면 향기 진한 국화주 한 병 마련해 놓으리다

싸리 울타리

서녘에 해 걸치면 긴 그림자 드리우고

바람 따라 출렁이던
싸리 울타리

텃밭 고랑에 호미를 박아 둔 채 떠난 그는 두 번 다시 싸리문을 열지 못할 것이다

자루 터진
김에

등 뒤,
두려움의 실체를 알아보려고 길 떠났으니 모든 그림자가 뭉쳐진 흑암을 건너서

현란한 색을 입혀 현혹해 온
빛의 어미를 찾으러

가을 부고장

차가운 얼굴로 내려다보는 낮달에
죄다 떨어지는 가랑잎

저편 탱자 울타리 집 새댁의 울긋불긋한 빨래가 나부끼고

하늘 높이 한 무리의
기러기

풍경,

고즈넉한
오후

대문간 녹슨 편지함에 당신의
기별이 꽂혔구려

구두코가 반들반들 윤나던 당신은 신발이 필요 없는 곳으로 떠났다는 소식이네요

땅울림 무게감이
정겨웠던

당신은 당신의 돗자리를 둘둘 말아 거두어 영원한 안식처로 걸어갔군요

어느 해 둘러선 사람들 가운데서 기운찬
삽질로 흙을 퍼 올리던
당신,

정원 무화과나무 밑에 묻어 둔 구렁이 술은 이제 누가 파먹을 것입니까

센 기운이 필요했던 당신, 이제는
소용이 없을 테지요

함께했던 시간은 우리의 기억에서 잊혀 가겠지요
떠나버린 당신의 모습처럼
말이지요

꿈꾸는 자

당신은
신전에서 신비롭고 매혹적인
여인에게 끌립니다
그녀는 망아지처럼 순종합니다
불꽃이 튑니다
자칫 알이 깨져 땅바닥에 쏟아지면
허사란 것을 잘 압니다
금장식이 조롱조롱 달린 예쁜 낙타를 구했습니다
그녀를 낙타 등에 태웠습니다
초승달 초지를 따라 걸을 일이 없고
힛데겔을 거슬러 올라갈 필요도 없습니다
꿈 밖으로 그녀를 데려가야만
아내로 삼을 수 있습니다
낙타가 경계에 서더니 요지부동이 되어
말뚝으로 박혀 버렸습니다
통사정해도 낙타는 눈만 껌벅거립니다
수탉 울음소리가 들려옵니다
애원하며 펑펑 울어도 소용없습니다
순간 환하게 밝아지며 낙타도
그녀도 눈 녹듯이 사라졌습니다
이부자리가 땀에 젖어
흥건합니다

촛불, 타오르다

종말이 도사린 발아래를
외면하며

몸 태워 얻어내는
생,

눈 빤하게 지켜본 소신공양이 끝난 어두운 방에

몸 태운 흔적이 말끔히
지워지면

천장에 매단 약봉지처럼 기억 봉지 하나로 서글프게 달려 있을 테니

나,
바람을 불러 거친 불길로 타올라

온 세상을 울음으로
덧칠하리라

개울물 소리

아낙네 웃음소리 요란하던 빨래터가 개울이 깊어지고 물은 맑아졌다

역부터 동행한 남자가 돌 징검다리를 건너뛰면서 물었다
얼마 만에 돌아온 것이냐고,

휴가를 받았는데 공장은 작업을 하면서 일거리가 있을 때까지 쉬라고, 했다니까

쫓아내려고 했구먼, 남자가 한 마디
툭, 던진다

아득히 먼 서울은 풍랑 거센 바다이지만 건져 먹을 물고기가 거기에 있다

하지만 이젠 돌아갈 수 없는 신세가 아닌가

개울둑 자갈길을 한참이나 걸어서
집 뒤란으로 들어갔다

부엌에서 할머니가 사발에다 밥을 푸고 쪽문을 통해 아버지가 밥상을 받고 있었다

할머니와 아버지 표정이 싸늘하시다 아마 당신들 장례식에 참석하지 않아 화가 나신 것 같다

우물쭈물 서 있어도 그들은 끝내 나에게 들어오라는 말을 하지 않는다

잎사귀로 받아들일 생각이 없는 것 같다

이제 나는 어디로 정처 없이 떠돌아야 할까

연기되어 흩어져야 하는
날에

풍경, 1970

황토물에 휩쓸려 둥둥 떠내려오던 사과나무

사람들 과수원 주인의 곡소리를
귓전으로 흘리며

물 빠져나간 개울 자갈밭 여기저기 흩어진 사과나무에 개미 꼬이듯
달라붙었다

양동이와 마대를 이고 지고 논틀밭틀로 줄지어 집집으로 나르던 진
풍경에

새콤한 풋사과의 맛은 군것질거리 없던 시절 횡재하던 동네의 잔칫
날이었다

그 개울을 중장비로 웬만한 홍수에는 끄떡없을 큰 돌덩이로 둑을 쌓
았으니

인상 쓰며 깨물던 풋사과를 더는
먹을 사람도 없는
날에

동숙이

묵은 벽지 위에 깔끔하게
도배된 벽 앞에 섰다

고인 구정물에 바짓단 젖을세라 요리조리 피해 다니던 신작로를 가운데로 두고 상가와 주택으로 형성된 장터, 선술집 딸내미 동숙이, 하지만 조무래기들조차 똥쑥이, 라고 불렀으니 국민학교도 채 다니다 만 집오리였다 도랑에서 멱 감을 때 보면 동기생 계집아이들 납작콩 가슴과는 사뭇 달랐다 젖가슴이 봉긋한 두어 해쯤 선배인 헤실헤실 웃음이 헤픈 동네 누나였다

처녀 태로 물오른 똥쑥이가 탈이 났다 오사리잡놈 드나들던 선술집이라 누구 씨인 줄도 모르고 수태하였으니 부른 배를 끌어안고 불그스름 노을에 젖은 똥쑥이를 동네 잡새들은 어찌할 거나, 라며 수군거렸다 무지와 순수는 서로 닮아 있던가, 가물거리는 뿌연 안갯속에서 그 해 동숙이 사건은 어떻게 진행되었던가? 철길은 거기서 뚝 끊어져 더는 열차가 달리지 못한다

젓가락 장단 요란하던 선술집은 흔적이 없어졌고 여기에 다시는 보이지 않을 동숙이, 어디서 가파른 산밭을
다시 일구고 있을까

돈벌레

쿰쿰한 동굴을 거처로 삼은 자야, 혹시라도
밝은 세상을 궁금해하지 마라

빛 아래에서는 손에 쥐여줄 것이 없으니 어둠의 망토를 뒤집어쓰고
웅크려라

얼마나 빨리 달리고 싶어 셀 수 없는
다리를 소망했느냐

유령처럼 은밀히 궁전으로 숨어도 천장 긁는 소리에 귀 가려운 밤이다

조심하라,
내 얼굴을 마주하는 순간 죽음을 맞이할 터이니

너는 두려움의 화신 시바를 닮았지만 달팽이처럼 연약한 갑옷을 걸
쳤구나

회초리가 스치기만 해도 흩날리는
솜털처럼 흔적 없으니

터

둔덕진 4차선 아스팔트 길,
옛터를 알고 있다

어느 문중이 이장하던 날 무덤 사이로 분주하던 삼베 망건 쓴 촌로들

흰 한지에다 쌓아둔 누름한 해골과
굵은 정강뼈,

소나무 숲을 깔아뭉갠 기억 위로 자동차가 줄지어 달린다

귀신들 묵은 잠자리 파헤치는 일이야
어제오늘이 아니지만

제 살집 불리는 방편으로
집을 팔고 사는 세대가 고요 속에 누운 자들을 깨우는 일이 빈번하니

산 자나 죽은 자나 두 다리 쭉 뻗고 누울 터를
어디서 찾아야 할는지

새해

1월 1일, 새해다
닳아 빠진 해가 겸연쩍게 웃고 있을 뿐
새해란 없다

본인도 미안한가 보다 깔딱낫 같은 헌 해에다 새해란 억지 옷을 자꾸 입혀 주니

새것을 싫어하는 이는 없겠지만
헌것에 무늬를 그려 넣고 새것이라고 우기는 것을 여러 번 보며 살아왔다

유년 시절 어머니가 아버지 외투를 잘라 나와 동생들 옷을 만들어 새 옷이라며 입혔고

어머니가 돌아가신 방에서 분 냄새 진한 여인이 새어머니라고 앉은 모습에

새것이라고 호들갑 떨 일이 아니라는 것이다
묵직한 응어리 맺힌 헌것이
새것일 수 있기에

가출

목덜미 서늘하게 와 닿는
달빛

다시는 돌아오지 않겠노라며 입술을 깨물며 역으로 향한 이십여 릿길

바늘 되어 찌르던
별빛에

연꽃향은 왜 그렇게 코끝에 맴돌며 따라붙는지

센 바람 피할 작은 웅덩이를 못 찾았으니 맞바람 맞으며 걸을 수밖에

질그릇 깨질 각오를 하니 눈 부라린 장승도 하나 두렵지 않고

품은 독毒에 귀신도 저만치 비켜 가네

된여울을 건너며 이 시린 물살을
잊지 않겠노라며

신의 바퀴

사물이 없는 곳엔
그도 없어,

시작된 것이 아니고 창에 드리운 불편한 그림자로

한 방향으로 구르는 바퀴라 주인만 물릴 수 있고 멈출 수 있는 종복
이니

심해의 깊은
밤,

묵은 뱀들은 그의 눈동자를 뚫고 나와서 낄낄거린다

"너희 눈으론 우릴 볼 수 없단다 이 얼마나
고소한 일이냐"라면서

바퀴에 부서지는 잔해를 줍는 동업자는 묵은 뱀들이 아닌가?

그가 둘러친 울타리 안에서 꼬여 전리품을
쓸어 담는 묵은 뱀들,

집짐승을 낚아채는 손길을 누가 거스를 수 있을까?

지축 흔드는 군마를 흙바람 속으로 몰아넣고 제국의 흥망성쇠도 그의 손바닥에서 구르는
구슬인 것을

철옹성의 권력자도 목줄을 쥘 수 있는
쉬운 먹잇감이라

티라노사우루스와 매머드, 이빨 사나운 맹수들도 그의 입에서 부드러운 살코기로 녹았으니

내로라하는 술사들 점괘로도
위로받지 못한다

한 줌 흙으로 사라져간 뭇 군상도 그의 정원에서 피고 지는 꽃잎일 뿐이고

피에 젖은 바퀴를 현란한 무늬로 그려내는
계시받은 환쟁이라

예지의 단검은 절대 권력을 행사하는 그를
서늘하게 바라보니

기둥 부러지는 날 무저갱에 갇힐 그의 처지를 미리 내다보는 것처럼

묵은 뱀들은 더는 빼앗을 먹이가 없어
연기처럼 흩어질 것이기니

어둠이 걷힌 창은 깨진 바퀴가 굴러 빠져나간 후
소용돌이 가라앉은
바다로

단주

아궁이에다 불 지핀 세월 따라 눋은 그을음으로 굴뚝이 꽉 막혔으니

눈 피한 자리에서 모락모락 피는
곰팡이

선연이 악연 되는 일은
흔하고

애첩을 품은
기간이
길면 길수록 내치기 쉽지 않은 것이라

산꼭대기까지 치고 올라와 바다를 잊어버린 거룻배에서 내려와 보니

지절대던 잡새 떠난 숲에서
외톨이 신세이라

살점 뜯기는 고행을 따른다 해도 상 주는 이 없고 새 옷 입을 일도 없어

하늘을 화폭 삼아 훨훨 날던 기러기 떼

땅에 내려서는 허접한
애옥살이에

꺼진 모닥불 재 찌꺼기 위에서 환영으로 어른거리니

똥물 고인 웅덩이로 되돌아가는 자들
부지기수이더라

종소리

아버님은 우리 내외한테 밖은 춥고 배고플 테니 집에 들어오라고 말씀하시지만 염치가 없어 못 들어가고 있다 아버님의 집은 형제자매들이 늘 쓸고 닦아 반들반들 윤기가 돈다

인사 여쭙고 내놓는 마른 생선 몇 마리에 손이 부끄럽다 아버님이 자상하신 눈빛으로 말씀하신다 "배는 안 곯고 사느냐? 자주 얼굴 좀 보자, 너희가 늘 눈에 밟히는구나" 청지기를 불러 이것저것 내주라고 명하신다

물품을 잔뜩 지고 집으로 돌아오는 길에 핼쑥하던 아내 얼굴에 핏기가 돈다 "또 한참을 마음 놓고 살겠네요" 속살 훑던 된바람이 따스한 훈풍으로 얼굴에 와닿는다

황반 변성

중심을 잡자,
내가 흔들리는 게 아니라 땅이 비틀리는 중이니까

기둥이 휘어지고 계단이 벌떡 일어나
덮쳐도 당황하지 말고

발끝에 힘주어

온통 휘어진 세상에서 비틀거리면서도 벽화를 완성해 놓은 달리와 샤갈,
그리고 피카소를 흉내 내어

벼랑과 벼랑 사이
아득해도

절묘한 줄타기로 쓰러지지 않으리

눈 한번 질끈 감으면 비틀어지고 흔들리는 모든 구부러짐이 가라앉는 것을

객동客冬 맞이

갈 잎사귀 수북한 산행길에서
발이 푹푹 빠진다

사방을 휘, 둘러보니

앙상한 팔로 서로 얽힌 나목 사이로 입동 하늘이 새파랗다

기억을 품었던
잎사귀가
만장의 깃발로 펄럭이니

된바람 휘두른 두루마기 손님을 허리 굽혀 맞이하는
숲의 공손함을 보라,

반갑지도 않고 차갑기만 한 객에게 티 안 내고 묵묵히 순응하는 종
복 자세로

그것이 죽음이라도
기꺼이

바랜 사진

적막한
정오,
흰나비 나폴거리며 정적을 깨니

뇌리에 박혀 버린
파편처럼

바람 먹어 숨찬 느릅나무 부르르, 떨고 선 둑 아래 맑고 시린
개울물,

거긴 처음부터 할머니와 할아버지였고 아이들은 언제까지나 까까머
리 아이였다

세상이 노랗게 변해도 그들은
변하지 않았다

어느 날 모진 비바람이 대청마루에 휘몰아쳐 세상이 통째 깨어져 버
려도

그들은 여전히 활짝 웃고 있다
근심 걱정 없이

그 겨울의 악취

늘어진 전깃줄 사이로
서성이던 창녀들,
70년대 창신동 무허가 건축물에서
캐럴이 가슴 저리게 와닿던
이브날,
시절의 거센 풍랑에 휩쓸려 허우적거리던
여자들
꽝꽝, 얼어붙은 거리에서
남자들 종종걸음으로
골목길 벗어나고
거친 발길에는 잔디도 짓이겨져
뭉개지지 않던가
으깨져 곧 사라질 넉점박이들
"밥 먹자" 소리에
입보다 뱃속부터 꿀렁거리던 날에
사는 날이 시궁창이란 것을 깨달아버린
새파란 애송이,
오물 구덩이에서 용케 벗어났지만
콘크리트 바닥을 쳐도 갈라진
틈 사이로 올라오던
그 악취

별아, 내 가슴에

겨울바람에 굴려진
조약돌처럼
별빛이 벼린 칼날처럼 날카롭다

별빛,
수천 년 혹은 몇백 년 전에 출발한 빛을 지금 내가 보고 있다고 하니

등골 서늘하게 와닿는
경이로움이여,

별을 하늘 너머에 박아둔 이유는 가슴에다 넉넉하게 담으라는 조물주의 뜻이 아닐까

사람들은 가슴에다 별들을 쓸어 담으며 무정한 세상살이에 위로받지 않았던가

무수히 반짝이는
별 무리,

사람들 마지막 날에 가슴에서 키운 별들을 토해 놓는 바람에 저렇게 무한정으로 늘어났나 보다

나는
왜,

별 무리를 담글 가슴에다 구린내 풍기는 온갖 잡것을 담아두고 애를 끓이는가?

좁쌀아, 좁쌀아, 인간사에 너무 가슴 태우지 마라!

좋은 것도 나쁜 것도 그저 지나가는
그림자일 뿐이니

목침의 기억

밭둑에서 장승처럼 굽어 내려다보던
가죽나무 서너 그루,
우듬지 둥지의 새알을 노리고 구불구불 기어오르던 먹구렁이

그럴싸하던
고추밭,
하지만 매가리 없이 툭툭 떨어지던 풋고추

나중에야 알았다
고추밭 땅 밑에 구렁이 엉키듯 나무뿌리가 얽혔다는 것을
이웃 간의 악다구니 끝에 베게 된
가죽나무

둥치 하나 주워 몇 토막을 내니 한여름 낮, 아내 머리 밑에 있게 되었다

오래된 담벼락은 군데군데 실금으로 허물어진다고

구렁이가 타고 올라간 근지러움이
아직 남았을까
목침

헌 것

낡은 옷소매를 물끄러미 바라보던 아내가 갈아입으라며 옷을 툭, 던진다

그녀에게 말했다
"헌 것이 헌것을 싫어하면 어떡하니"

익숙한 것을 잘 버리지 못하는 성격이지만 살 파먹는 빳빳한 새것이 거북하다

헌것은 새것을 떠받치는 기둥이 아닌가, 헌것이 없는 새것이 없으므로

헌 것을 좋아하는 사람들이 있긴 하다 그 귀하다는
새것 같은 헌것만을 찾는 자들이

하지만 새것은 새 것을, 헌것은 헌 것을 서로 버리지 말아야 하지 않을까

새것도 버려지면 재생되기가 여간 어렵지 않은데
헌것이야 오죽할까

난간에 나 홀로

거긴, 빛 밝은 별 하나
손 닿을 데이고

어둠의 갈퀴에 살 뜯긴 초승달이 뿌리는 눈물 튀는 자리이며

수풀에
발가벗은 채 잔뜩 웅크린 옛 애인이 보이는 곳이지

오래전 조부께서 놓친 긴 갈기 휘날리는
백마가 질주하는

칠흑의 밤,
검은 망토 펄럭이며 날아다니는 머리에 염소 뿔 난 사람도 있어

나 혼자 몰래 찾는다네

아차,

헛디딘 발에 천 길 벼랑 아래로
횡사할 곳이기에

대못

행사가 끝난 공원 편백 나무에 대못 몇 개가 박혔다
만국기를 건 자리이리라

티눈 하나도 쓰라리고 거슬리는데 훗날 구새 먹을 원인이 되지나 않을까

손이 짧아 대못에 박인 채 사는 이들 중에

막 칠순이 됐다는
은숙이 할미

먼저 간 아들의 빚을 갚느라 대대로 내려온 전답과 기와집을 넘기고 마을 빈집에서 산다

희끗한 자분치 봄바람에 내맡기고 대청마루에 앉아 지그시 감은 눈으로

개나리 노랗게 담벼락 가득 흐드러졌거나 말거나 담담하다

서너 개 박인 대못 탓일까 아니면 세월에 시커멓게
구새 먹은 탓인가

목련이 오는 길

오시는
임,
뭇 발걸음 불러 흙먼지로 맞이하랴

뼈 마디마디에서 돋아난 송이송이 빛을 단기로 마중 나가야지

무명천으로 펄럭이는
어느덧 희디흰
계절,

고목 태운 잿더미에서 피어오른 쓸쓸함을
가슴에 쓸어 담으며

치맛자락 신발에 채며 걷는 조신한 여인을 청사초롱으로 맞이하리라

산지사방에 흩뿌려지는 하얀 꿈의 파편을 뜨락에 잔망스럽게 널어
두지 아니하며

적요한 바다에 돛을 요란하게
펼치지 않으리라

한 송이의 전령

하이힐 소리로 귀 울리는
콘크리트 바닥

음료수병에 물 채워 선반에다 두는 것을 물끄러미 바라본다

꿈꾸는 듯 희미한
날에

분홍빛을 심는
그녀,

달랑, 한 송이의 진달래로 분홍빛으로 병실이 환해졌으니

이렇게 쉽게 오는
봄이던가?

잠만 자도 이루어질 것은 이루어지고 올 것은 오는 것을

나는 왜,
말 궁둥이가 헐도록
매질했을까

관계의 허기

모래 한 자루를 산 적이 있다
놈들 엉뚱한 곳에 볼일을 보는 통에
마대는 잊고 있었다
어느 날 자루를 드는데 밑이 쏙 빠져버린다
몰랐던 거지,
삭아가고 있다는 사실을
닦고 조이고 기름칠 안 하면 녹슬어
뚝, 부러지는 기계와 같은
인간관계,
고구마 넝쿨
줄기 하나 끊어 놓으면 금방 드러난다
축 늘어져 죽은 물뱀으로
비가 오거나 줄기가 땅에 닿아
잔뿌리를 내리면 끊어진 줄기라는 것이
드러나지 않으니
잎사귀로 한몫 보려고 모른 척할 것인가?
이가 부실한 날에 겉대는 벗기고
알배추로 남으리 발가벗고
회벽에 기대 선
아이처럼

흐린 날의 풍경

묵색창윤墨色蒼潤이라고 했던가, 흐린 전경 속으로
되새 떼 날아가고

간판에 페인트칠하는 매점 주인과 잡동사니 사이 탁자에 둘러앉아
술판을 벌인 뜬벌이 꾼들

왜바람에 묻히는
잡설

사내들과 탁자 밑 하얀 푸들, 매점 옆 키 큰 물푸레나무까지 인상파
화풍처럼 일그러지니

흐릿한 날엔 왜, 모든 것들이
바래지는가

길 건너편에 선 나에게 오라고 손짓하는 사내들 뒤로 선명한 간판의
새빨간 글씨,

편도선이 부어 침 넘기기
힘든 날에

홍운탁월 烘雲托月

아무 말씀 없으시다가
툭, 뱉으시는
한 마디

"니, 백정 될래?"

흑백사진 시절이 언제 적인데

하긴 흑백사진에다 컬러를
입히면 어색하지

세상을 검고 희게만으로 나누던 세대에게

컬러로 의논 맞추긴 여간
어렵지 않아

렌즈 자체가 서로
다른 것을

배냇저고리

들녘 바람

녹색 짙은
들녘이
물이랑 일 듯 파도친다

늙은 노새 등처럼 거친 들녘이 허리 한번 구부렸다 펴니 짙은 녹색 들녘으로 바뀌어

뼈 녹았던 품앗이가 눈앞에서 고개를 쳐든다

생生마다 떨구고 간 살비듬을 품고

시절은 쉬이
흘러

제자리 말뚝으로 한평생 일궈 먹던 땅 집착을 쉽게 놓을 순 없으니

발걸음 더듬어 되돌아오는
녹음의 계절

흙 벌레로 고꾸라져

폭 삭은 젓갈로 살도 뼈도 없는 무주고혼으로 모여드는가

고단했던 날을 하얗게 지우고 녹색 자락 휘둘러 그려내는 춤사위에

먹고 토해낼 육이 없으므로
고봉밥 욕심도 없어라

사소한 날

와이셔츠 두어 장에
런닝 서너 장

튼 발꿈치를 보이며 양철 대문을 활짝 열어두고 마실 나서는 마누라쟁이

빨래 바싹바싹 마르는 흔한 날도 살다 보면 흔치 않아 어떤 사소한 것은
사소하지 않을 때 누릴 것이라

어디에선 센 바람으로 풍차 돌릴 하마 등짝 같은 땅도 있겠으나

소매평생 가슴 솜털엔 살랑
바람만 불어오니

오소리 콧잔등만 한 마당으로 쏟아지는 햇살에
뽀송하게 마르는 빨래

길에서 헛도는 발걸음, 어련히 알아서 들어올 마누라쟁이 기다리는 사소한 아주
사소한

난파선

사막 둔덕에 처박혀
곰삭아 가는
배,

육하원칙이 적용 안 되는 난파선을 뼈 무더기로 바꿔야 이치에 맞는 그림인 것을

망망대해에서 표류하는
작은 배,

뱃머리에 눈眼을 걸어 두고 몸 사려도 선체에 생긴 크고 작은 흠집들

포세이돈 부릅뜬 눈동자 위로 딱정벌레 뽈뽈 기어가노라면 일어서는 거센 파도에

까맣게 잊어버리는 잠언의 말씀

격랑마다 맺히는
핏물

깃발 펄럭이던 날

달빛 번진 물이랑 가로지른 날도 한 줄의 나이테인 것을

애쓴 투망질에 비린내만 진동하는 값싼 물고기라니

난파선 부스러기로
불룩해진
배,

두꺼비 파리 잡아먹은 듯 푸르딩딩한
낯빛의 포세이돈 위로

기우뚱거리는 작은 배에 오만 잡동사니 싣고 죽어라 하고 노 저어 가노라면

멀리 뭍이 드러날 때쯤 견디지 못하고 와지끈, 파선하니

결국,
바다 먹이가 될 난파선의
숙명으로

가을 새

흔들리는 촛불이었다는 것을
몰랐네요

실금 안 터질 하늘을 소망하며 어스름 젖은 날개로 훨훨 날아올랐을 테지요
골목길을 하이힐 소리로 가득 채우면서 말이지요

직감으로 느꼈어요
현관문을 열기 전에 뻗치던 써늘한 그 기운을

둥지에서 몸만 쏙 빠져 날아가 버린
가을 새

잔 깨뜨리며 이별을 고하지 않았는데도 옛 궁전으로 돌아오는 길을
잃어버렸나요?

이제, 그대의 깃털 하나, 가질 수 없지만

그대는 나의 하늘에서 여전히 날고 있는 가녀린 가을 새,
강물처럼 흘러 가버린 시간에도
기품 있는 날개로

배냇저고리

대숲 바람이 강둑 억새 울음과 똑 닮았다

잔뜩 웅크린
기억,

주머니 속 동전처럼 짤랑거리다가 왜 한 번씩 꺼내 곱씹는가?

긴 뱀처럼 늘어진
강,

빼빼 마른 아이가 강둑에 앉았다가 강아지풀로 요요하며 다가와 귓속말로 속삭인다

눈길을 피하지 말고 저를 똑바로 보라고
묵은 네 그림자라며

나뭇가지에 걸린 가오리연이었다가 어느덧 두께살이 다 빠져나간 날에

아이의 깡마른 손이 나를
잡아 이끈다

이상한 나라 앨리스

바야흐로
다시 살아난 사람들과
함께 사는 세상이 되었습니다
아침부터 밤까지 함께 웃고 떠들면서
죽었던 사람이란 것도
잊고
보고 싶을 땐
서랍에서 사진첩 꺼내듯 수시로 만납니다
머리카락이 미세하게 나부껴도
산 자도 죽은 자도 아닌
어정쩡한 실루엣으로 취급받고 있지요
보면 믿겠다더니
눈앞에서 춤추고 노래를 불러도
안 믿습니다
짙은 안개 속에서 서로 손을 맞잡고 있을 뿐
옷 위로 긁는 답답함에
살갗을 비비고 만져 봐야 믿겠답니다
그런 날이 와도
사람들은 안 믿을 겁니다
지금처럼 분명히
그럴 겁니다

알

나에게

천하를 다스려 볼 묘안이 있어도

손과 발이 없고

깊은 바다를 헤엄쳐 볼 마음이 간절해도

지느러미가 없다네

하늘을 날아 볼 생각으로 잠 못 이루어도

날개가 없으니

맹물로 그리고 그리다가

깨는구나
꿈

벼랑과 벼랑 사이

된여울이 토해낸 부스러기 깔린 자갈밭, 부서지지 않고는 이룰 수 없는 것들

바람은 너럭바위를 피 한 방울 흘리지 않고
칼바위로 쪼개놓았으니

거친 숨소리로 가득 찬 숲의 음모를 지빠귀들은 무슨 말로 꾸며 퍼다 나를까

무심한 몸짓 속 번뇌의 불길을 보라,

내밀한 사연은 문풍지를 발라
막아야 하느니

가죽 자루 속에 박인 부레, 터뜨려 심해 깊이 가라앉아 잠자고 싶어도

쭈그러진 등가죽 위로 몰려든 걸궁패
꽹과리질에 귀청 떨어지는
날에

건어물 가게

아등바등 요란한 군상,

고리 삭은 놈
뺄때추니 년
노랑 주둥이 놈
고리눈 뜬 년
만만쟁이 놈
아가리 찌그러진 놈
콧날 오뚝한 년
남상 지르게 생긴 년
배배 꼬인 놈
너울가지 좋은 놈
밑절미 있는 놈
매장치기 년
뜬벌이 놈
샛서방 둔 년
남 밟고 일어선 놈
밟혀 납작한 놈

어허야 디야,
전부 바싹 말린 채 걸렸구나!

개복숭아

연분홍으로 흐드러졌을 땐 쓸모가 있을 것인지
없을 것인지 알 수 없으니

쓴맛의 약성은 늙은이들 입에는 맞을 테지만 꽉 찬 속을 눈이 읽어
내지 못하누나

쓸모없는 것을 쓸모 있게 보려면 눈에
안약을 발라야 한다

창窓이 밝아지면 장수를 누리겠지만 영영 불이 켜지지 않는 창도 있
으니

내 곳간에서 버릴 것은 다른 이에게도 쓸모없는 것이라
흙바닥 구르다 문드러질
반편이란

판가름 나기 전에 물 되어 땅에 쏟아지니 허접한 이름이라도 위안
삼아야 할까

연분홍으로 환하다가 흔적 없어질
봄날의 창이여

홀애비 나무

　초봄, 꽃이라긴 애매한 뱁새 불알만 한 것이 노르스름한 빛으로 환하다 초피 열매 풍년이겠구나! 추어탕 한번 제대로 끓여 보리라고, 퍼마신 김칫국물이 꽃잎 떨어진 자리에 몽우리가 안 돋아 헛물로 끝났다

　고자 아니면 석녀일 텐데 향기가 코를 찌른다 호불호가 있는 향이다 뭔들 그러지 않겠는가

　상큼한 향기를 옷 두르듯 살면 얼마나 좋으랴, 입원했던 아내가 돌아왔다 시쿰쿰하던 홀애비 냄새가 순식간에 사라지는 신기한 경험을 한다 자연 섭리에는 알 수 없는 것이 많다

　짝꿍이 없어지면 내 속의 고약한 냄새가 발산된다는 사실에 충격받아 아내한테는 굳이
　입을 다물었다

행장

점차
몸은 굳어오고
일어서야 할 것만 같은데

여기에 앉기까지 발걸음이 얼마인가

기억의 저편
아득한
태곳적 강줄기를 따라 길 걸어왔을 터이니

일어서서
문 열고 나가는
순간

두 번의 기회는 없다는 것을 알기에

길 떠나려면 행장을 잘 꾸려야 하지 않는가
그것,
몇 가지 갖추기 위해

단 하나의 자리를 용케 차지하고서

발가벗고 엎드린
나를

일어서기를 애 터지게 바라보는
창밖의 미숙아들

견뎌야 한다
자궁 속에서 사산아가 되더라도

싹이 돋아 넝쿨로 휘감아
자리와
일체가 되더라도

집주인에게
이것저것 얻어 걸치기 전까지는
꼼짝하지 않고서

나,
다시는 급히 신발짝을 끌고 길 나서지 않으리
찰나라고 여겼던 여정에서
비루했던 긴 날을
기억하기에

올빼미

혹시,
곳간에서 불 밝힐 일이 있으면 잠깐 틈을 준 다음에 등에 불을 붙이시라

어둠을 즐기던 자들이 당황하지 않게

늪 속을 가늠할 수 있는가?
깊이는?

자유자재로 심해를
유영하는 자들

애써 무시하지만 그런다고 어둠을 둥지 삼은
이들이 사라지겠는가

이쪽을 손바닥 위에 놓고 지켜보니 몇몇은 머리 조아리고 종 되기를
간청하는구나!

옛 시간으로 돌아가고 싶어 안달 난 그들의 쇠사슬이
끊어질 듯 팽팽하니

절대적인

선,

같은 공간에서 두 개의 세상

짧아서 잴 수 없는 잣대는 내 눈에 낀 눈곱이 아닌가?

보이지 않는 세상은 창대하다,
가슴 서늘할
크기로

그들을 만나려면 어둠의 이빨에
반쯤 뜯어 먹혀야 하고

그들이 이편으로 건너오려면 빛의 갈퀴에 갈기갈기 찢겨야 하므로
쉽지 않다

화합될 수 없는
평행선,

고요히 느껴 봐 귓바퀴에 와 닿는 뜨거운 입김을
칠흑의 밤, 불티 튀는 모닥불 위로
그들이 날아오른다

빗소리 궤적

노드리듯, 이라더니
방 안 가득 빗소리를 부려 놓는다

잔 깨어지니
계약서 따질 필요 없이 빗속으로 날아오른 종다리,

절망의 늪은 빨리 벗어날수록
유리하다던가

변고가 생기는 자리엔 가시가 돋아나니 둥지 하나 틀기까지 얼마나 많은
상처를 감내해야 할까

바람받이 나무는 제 몸에 옹이를 박아가면서
몸집 불리는 것이라

희미한 가로등 불빛 속의 빗소리 궤적이 화인처럼 새겨지던 그날 밤,

그 빗소리, 영영 가슴에서
지워지질 않아

명자야, 명자야

한나절 내내 안 보이던 그녀,

밥 탄 냄새에 자욱한
연기

마당 거위는 밥 달라며 꽥꽥 보채니

한소끔 가랑비에 빨래는
흠뻑 젖고

봄바람 헤집으며 나타난
그녀,

머퉁이 줄 요량으로 다가가다가 멈칫, 멈추었으니

그녀의 눈동자가 명자 꽃물로
불그스름 물들었기에

까짓것 뭔들 큰일이라고
그렇지?

섬뜩한 칼날

사이렌 소리에 놀라 아래층으로 내려간
아내가 금세 올라왔다

"아래층 남자가 옥상에서 뛰어내렸어"
"왜에?"
"난쟁이 똥자루라고 욕 얻어먹고는 밤새 한숨 안 자더니 뛰어내렸대"

오 척 안 되는 단구에 키 훤칠한 아내를 두어 듬직한 아들들과 다복하던 사내,

별의별 사람이 다 모인
서민 아파트

구름이 해를 가리면 그림자로 덮어버리듯이 저마다 감춘 그늘을 알 수 없으니

어떤 놈이 심장을 제대로 찔러 버렸나 보다

날강도의 일 검보다 더
섬뜩한 칼날로

쭉정이끼리

 바람 불기까지 시침 뚝 떼는 쭉정이, 알곡과 껍데기가 두루 섞인 절구통 속에서 저마다 알곡이라며 우기고 담장 아래 수북이 버려진 쭉정이도 저희끼리 서로 알곡인 척하네

 가시가 얽혀서 단단한 성벽을 이루어도 겻불 한 번에 헛꿈이 되는 것을, 생똥 싸듯 토해낸 풀기도 한 움큼 바람에 메마르니 쭉정이가 무슨 찰기가 있어 서로 달라붙을 수 있을까

 바람에 흩어지는 쭉정이, 평생 알곡과 비슷한 물집이라도 껍데기 속에다 부풀려 보았던가 알곡을 품었던들, 고개마다 이놈 저놈 한 덩이씩 떼어 준 후에 폭삭 쪼그라든 쭉정이인 것을

낙과

순희란 길고양이가 초산에 무려
새끼 네 마리나 낳았다

귀엽다고 눈도장을 찍은 새끼 한 놈이 어째 시원찮다며 심란해하는 아내,

곯은 열매를 매정하게 떨구어버리는 자연의 섭리는 짐승들, 심지어 사람도 해당하는 것 같으니

우연과 시기의 톱니바퀴는
제쳐 놓고서라도

땡감으로 떨어지는 낙과의 운명을 어떻게 판단해야 할까

낙과에서 역한 살 비린내가 풍기니 버려지는 자가 토하는 울분일까?

버려지는 서러움은 낙과가 잘 안다고 오랜 병마에 시달린 아내가 곧 떨어질 대추 한 알에
애가 닳는다

묵은 번데기

사는 것이나
죽는 것이
어디 마음대로 되는 일인가

구덩이 속 동료 번데기들
나비 되어

훠이훠이 날아가 버린 하늘 아래

저승꽃 하나 안 핀
말간 얼굴로

칠순 며느리가 들고 온
밥상,

입맛 좋은 하루하루가 염치없어라

아흔 묵은 번데기
덕수 영감

길몽 꾸는 밤

오 촉 전등을 켜두고
그물 짜는 밤

술술 풀리는 실타래는 손에 쉽고
눈에도 수월하지만

엉킨 실뭉치를 끊고 묶어서 짜내려 가는 매듭, 매듭마다 핏물이 밴다

엉킨
날,

쪽가위로 잘라 끊어진 날끼리 묶고 묶으니, 날은 용케 이어져 가고

마딘 걸음이 지겨워도 마음은 유리알 여울목에서 물고기를 쫓고 있
누나

낮 꿈이 악몽이라면 밤 꿈이라도
길몽이라야지

애옥살이

옥상에 먼지 한 줌 깔고 귓똥만 한 봉우리를 맺은 네 이름은 풀꽃이
라며

뙤약볕은 뜨겁고 쏟아지는 빗줄기가 두렵기만 하구나

뼈에 살 붙이며 살아온 날을 알아주는 이, 없다고 한탄할 것 없으니

타인의 기억 속에서 삶이
이어진다고 해도

저마다의 시간과 떡 크기는 다른 것이라

너는 해 아래에서 눈이라도
반짝 떴지만

쭉정이로 알 하나 못 품고 후루룩, 날아가 버린 사산아로 세상은 산
을 이루었다

항아리 바닥이 드러난 날, 북풍의 말발굽 소리에 가슴이 덜컥, 내려
앉는구나

들어온 문이 있으면 나가는
문도 있기 마련이지

군마처럼 덮쳐 오는 겨울바람을 눈 질끈 감고 이마로 받아 내려무나

고통은 잠시면 끝나고 또 다른 골짜기에서
활짝 피우게 된다 너는
꽃이기에

칡넝쿨

사랫길 걸어 모가지만 끊은 수숫대 일렁이는 밭둑에 걸터앉았노라니

흰 구름 한 덩이
무심하다

죽은 남편은 기억에도 가물거려 아이들 넷, 저희 스스로들 자란 세월에

가끔 비치는 딸년, 몇 년 동안 얼굴 한 번 못 본 아들놈,
그렇지 뭐, 해 준 것이 없는데

감내해야 하는 세월이거니 하고 밭뙈기 하나 없는 시골살이에 고구마, 감자 이삭 줍고

사람들 눈 피해 홀아비 논밭 일손 도와
몇 푼 얻어다 쓰고

방 안에만 틀어박히면 속에서 천불이 끓어 올라 밖으로 싹 돌아다닌다는
칠순 과부 곽 씨

낭패란 골목에서

사업주와 친인척
관계가 아닌
내가

퇴사하던 날 자기네도 미안했던지 십시일반이라며 노란 봉투 하나를 건네 주었다

옛 둥지로 날아가 머리 좀 식혀보자며
완행열차에 몸을 실었다

아니라도 복잡한 마음에 스크래치 긁는 옆자리 남자들 술판이 요란하다

눈을 맞추는가 싶더니 술잔이 건네 오고 손사래를 쳐도 권하는 술잔에
에라, 걸친 몇 잔 술에

확 오른 취기에 열차 바퀴 소리를
자장가 삼아 잠이 들었고

얼마 후 허전한 기분에 주머니를 만져 보니 지갑도 선반 위의 손가방도 사라졌다

염치를 차릴 수 있었던 최소한의 선물을
도둑맞았으니

검은 나비가 어둠 속으로 적셔 드는 것처럼 열차가 터널로 접어드는 순간 기억이
뚝, 끊어졌다

옷 위로 긁는 가려움처럼 더는 전개되지 않는 그날의 사건,

과거에 들락거린 어두컴컴하던 골목 중
하나였을 뿐이다

병어

산통을 흔들지 않았는데도
와르르 무너진
벽,

줄줄이 꿰여 와글대는 돼지 앞에 발가벗긴 채 놓였으니
창피하여라,

거센 파도와 큰 아가미를
상대해 온 무리가

돼지들이 던지는 짤랑, 돈통 소리에 이리저리 팔려 가는구나!

차례를 기다려 내려친 칼에 분리된
머리와 몸통,

뎅강,
떨어진 머리가 수북이 쌓여 눈알만 번들번들 살아 서로 바라보는 처지라니

몸이 없으니 바퀴가 필요 없을 테고
계단이 무슨 소용 있으랴

꼬이는 파리떼에 몹시 부끄러워라
지난날이

"하루아침에 망할 줄 알았다면 당신과 싸우지도 않고 미워하지도 않았을 텐데"

마침내
투명해질 시간에 지나가던 늙은 돼지가 하는 말

"버리지 마시오 병어 대가리,
고양이나 주게"

해국

뼈 깎고 눈 찢고
콧대 높여

두툼하게 화장품을 바른 감쪽같은 여인네보다 해풍에 씻은 네가 훨씬 더 예쁘구나

거친 파도에 휩쓸린 새들 보며
가슴 아픈 날 있고

애간장 녹는 일이 허다해도 행여, 구더기 우글거리는 곳으로 갈 생각 말아라

뭇 눈이 없는 허허 산천이 차라리, 한 세상 조용히 보내기는 안성맞춤이란다

애옥살이 친구가 한 자루 부려 놓은 담백한 먹거리를 즐기면서 말이지

무명 치맛자락으로 옥합 꽁꽁 감싸고
해풍에 마음 삭여가며

정거장

잠시 머무는 정거장에 애착을 가지는 이 누굴까?

육신은
영혼의 정거장이라고

금줄 은줄 주렁주렁 매달지 말라 그것, 꽃상여 울긋불긋한 문양과 별반 다르지 않다

색색의 깃발은 진혼곡에
어울리지 않으며

화려한 색의 천도 보이지 않는 곳으로
지향하지 못하니

정거장을 떠나 정해진 목적지로 향하는 날에 새는 창공 너머로 날아가고

정강뼈는 진흙에 박혀
썩어가리니

소돔의 서막

짐승 성향을 닮은
사람들,

소, 곰, 개, 돼지, 고양이, 너구리, 염소, 닭, 늑대, 악어, 쥐새끼
등등

세대는 성향을 넘어서 모습마저 짐승을 똑 닮은 사람들이 점점 늘어
만 간다

이상도 하여라,

입으로만 사는 짐승들인데 어찌 사람들은 돈 욕심으로 짐승 형상이
되어가는지

당신?

거울 속 자신을 보라 어떤 짐승에게
잠식당했는지

그림자의 뼈

 전에 살던 아파트에 가보니 자주 이용하던 구멍가게에다 벽돌을 쌓고 흰 칠을 해놓았다 어디선가 주인아저씨가 돌아가셨다는 소문을 얼핏 들은 것 같기도 하고… 가끔 대형할인점에서 물건을 떼어 자전거에 싣던 아저씨와 마주치긴 했었다 굼뜬 나무늘보처럼 변화 없는 표정에 아들 이야기를 할 땐 숨 고르던 양반, 자갈논까지 긁어 팔아 사업 자금을 대주었다는 아들 내외가 사는 이 층 옥상, 희고 검은 빨래가 허수아비 옷자락 펄럭이듯 나부낀다

마른 내

물 세차게 흐르던
개울에
물고기와 물벌레, 아낙들 수다와 빨랫방망이 소리

처녀 삼단 머릿결처럼 너풀거리던
물풀의 향연,

횅하니 드러난 개여울 바닥에 스산한 바람만 불어 잡풀끼리 부대끼고

물속에 가라앉았던 자갈밭을 볕에 달구어진 채로 보게 될 줄을 누가 알았으랴

물줄기 돌아올 날이 전무하니 천렵했다던 아버지는 옛날이야기로 남았고

얼핏, 꿈속에서라도 세찬 물의 기운을 다시 느껴 볼 수 있다면 좀 좋으련만

버짐 핀 아이처럼 말라가는
마른 내여

가시 숲

빙 둘러선 종이 인형의 손짓에 홀려 숲으로 들어갈 일은 아니었다

관계해 보면 그들 모두가 가시였으니 여기저기 찔린 세월에 어느덧 나도 가시가 되었고

아프고 따갑고 화끈거리고 미치도록 가려워
밤새 긁었던 기억에

뱀 허물처럼 감고 있는
통증의 잔영,

아편쟁이 주사 자국처럼 더는 찔릴 데 없어 숲에서 겨우 빠져나와 다른 숲 앞에 섰다

가시 독이 오른 영혼은 삭막한 사막 되기가 십상이기에 칼바람 속 늑대처럼 울부짖나니

칼날 위에서

개울가에 돌담 쌓고 얼기설기 엮은 지푸라기 지붕으로 눈비를 피하던 거지 형제
굴뚝에 연기가 올라간 후엔 어김없이 그들이 나타난다
동냥 깡통 든 그들을 양팔 벌려 막아서면 두말없이 돌아서던 형제,
무작정 상경한 서울에서 보름을 꼬박 물로 배 채우며 일자리를 구하던 날
뭣 좀 달라고는 해야겠는데 말이 목구멍에 걸려 뱅뱅 돌던 모지리 중 상 모지리,
차마 입에서 떨어지지 않던 "밥 한술 주시오"란 말을 그들은 매번 찰지게도 했을까
돌사닥다리 길을 한참을 걸은 후 고향 집에서 세배하러 온 그들을 보고
지폐 두어 장 찔러주며 옛날 일이랑 퉁, 치자는 농을 쉽게 받아주던 형제,
장례식날 새벽에 달려와 상여 앞에서 만장 들고 목청껏 만가를 외치던 거지 형제
칼날 위를 쉽게도
디디던 그들

웅덩이 속 악마

어제 일로 괴로워 마라,

누구나 마음에 웅덩이 하나 있어 망둥이 같은 작은 악마 한 마리 퐁당, 거린다

용을 쓰는 악마를 못 나오게끔 꾹, 누른 힘겨루기를 평생에 걸쳐 해왔으니

놈과 겸상하는 날엔 장맛날 오이처럼
쑥쑥, 자랄 것이기에

그날에는 감당하기 어려울 것이므로

선인과 악인은 악마가 쳐든 대가리를 얼마만큼 힘주어 누르느냐의 차이일 뿐

방심할 때마다 놈이 튀어 올라
얼굴에 똥칠하니

참, 쉽지 않다
사람살이

깊은 못

네가 파낸 못이 가장 깊다고 떠벌리지 마라
비웃음만 살 것이다

귀 열어두고 길손의 이야기에 관심을 가지노라면 세상의 수많은 깊은 못에 대해서 듣게 될 것인즉

물속 깊숙이 똬리 튼 영들이 겁먹은 자들 발목을 낚아챈다는 괴담을 들어 보았을까?

흰말과 검은 말을 타고 달리는
요정들의 설화도

너는, 못에다 몸을 던진 자들 뼈 무더기에 어째 너의 뼛조각을 보태려 하느냐

깊은 못 물고기는 크고 보기 좋으니 너의 작은 못 물고기를 살찌워라

기둥에다 대못 박느라 기운
낭비하지 말고

여행의 정설

근심 한 짐 지고 집 떠나지 말며 엉킨 실타래 길에서 풀 생각도 말고

구름과 바람, 청정 가을 하늘
담아 오려면

구름은 비를 끌어안고 흘러갈 수 없고 가득 채운 주병에 또 다른 술은 담을 수 없듯이

매듭을 풀어서 먼지까지 탈탈 털어버리고
빈 자루로 떠나라

목구멍까지 차오른 배부름에는 천하의 진미도 눈에 안 차는 법이니

비워라,

비우고 길 떠나면 가슴 가득
담게 될 것이니

삭풍

바람에
먹힌
숨찬 해와 낮달 사이로 구름은 빠르게 흐르고

어느 틈바구니에 끼인 듯한 고양이 울음소리가 간헐적으로 들리는

찾아올 이 하나 없을 한낮의 양철 대문은
심술로 삐걱거린다

바깥 동정을 살피는 아내의 희끗희끗한 자분치가 눈발 흩날리는 듯하니

겨울이란 발톱은 한 번을 조신하게 오므리는 법이 없다

어디 한 군데 제대로 긁어놓아야 직성이 풀리는 고약한 계모처럼

잿빛 하늘은 수시로 편 가르기에 열중하니

삭풍의 바퀴는 풍경을 휩쓸며
굴러간다

방아깨비

한 장단을 건너뛰었더니
낯선 거리에 섰다
쿰쿰한 초막이 제격이건만 왕궁을 꿈꾸며
고비 사막을 넘어왔네
기묘한 외형이
염소 같으면서 이집트 신 같기도 한 낯짝과
급할 때 요긴하게 써먹는
푸닥거리 날갯짓에
벽옥 궁전을 포기할 순 없어
작은 도마뱀이라면 천장에 붙어 몰래 살 수 있을 텐데
모자이크 바닥에 뿌려진 무수한
주문呪文,
애써 교열을 맞추었더니 날벌레로 후르르 날아가 버리고
나는 언제부터 방아깨비 탈을 쓰고 있었던가
질질 끌리는 긴 다리가 거추장스러워
지난날이 부끄럽다
새들 떠나버린 숲에 홀로 남아
등뼈 드러난 구부정한 몰골로 잘못 들어선
진창, 벗어나려고 아등바등
애쓰는구나!

된여울

　상처 난 내 사랑은
무서운 빚이니

　목숨을 저울에 올리고도 기울어지는 값의 사랑을 가벼이 여기지 말아야 했었는데

　상처 난 사랑을 위해 다음 생을 담보로 걸고 하느님께 탄원하며 매달려야 하는

　영혼을 갉아먹는 이놈의 사랑이란 낚싯바늘에 나, 어쩌다 제대로 코 꿰였는가?

　된바람 속에서 벌벌 떠는 묵은 나무,

　깊어 가는
겨울밤

　애타는 기도에 연신 터지는
기침이여

잔인한 계절

추수 끝난 들녘에 똬리 튼 바람 항아리

잡풀 거친 숨소리에 들썩이는
농로 둑

오늘, 내일쯤에 무서리 뽀얗게 뒤집어쓸 한 뭉치 구절초가 애처롭다

"꺾을까?"
"그냥 둬, 병에 꽂아 놓는다고 얼마나 더 갈까"

꽃봉오리 하나 끊어 비벼보니 찌르는 향기에 머리가 화, 하고 개인다

끝내 등뼈조차 흔적 없이 녹아 버릴 테지만 땅속에다 불씨 하나 지피기 위해

계절의 작두날 위에서 위축되지 않는
시퍼런 향기여!

소금쟁이

깃털이 된
몸,

물 창살에 갇힌 조각구름이듯 헛짚는 발,

물기 빠져나가는 흙집이 꾸는 꿈은
생시와 똑 닮았고

영겁을 몇 바퀴쯤 돌아야 한 톨의 씨앗으로 발아를 꿈꿀 수 있을까

잔가지 부딪히며 서로 할퀴던 날이 얼마나 치졸했던가

잠 못 이룬 당신이 서성거리던 격자창 건물로
날아가 보니

눈앞에 선 나를 보지 못하는 당신은 북망산천보다 더 멀리 떨어져
있구려

살비늘만큼이나 가벼운 몸 하나 얻기 위해
영겁을 몇 바퀴 돌았던가

옛집에 비하면 거북이 등딱지 같은 하찮은 껍데기를 뒤집어썼지만

발아를 꿈꾸어 온 염원이 물비늘로 일렁거리니
해 품고 달 안고 별 쫓아서

물을 바닥 삼아 단단하게
딛고서

머리를 판 사내

머리 팔아 부자가 된 친구가 며칠만 머리를 빌려 달라고 통사정한다

우리 부부는 평소 친구 욕을 많이 했다
돈이 좋기로서니 머리를 팔고 어떻게 사느냐고, 미친놈이 아닐까, 하고
귀가 간지러웠던지 친구가 우릴 찾아와 돈이 잔뜩 든 가방 하나를 던지자
아내의 셈법이 빛을 발한다
돈 가방 하나를 더 주면 생각해 보겠다고

직원을 시켜 가방 하나를 더 가져오자
내 머리가 친구 목에 얹어져 그럴듯한 모습으로 나간 뒤에
거울을 보며 울부짖는 나에게 아내는 밖에 나갈 일도 없지 않느냐며 위로한다
저녁에 오래간만에 흰쌀밥에 고깃국이 올라왔다
아이들도 배부르게 먹고 아내도 만족해한다

내 머리 하나로 온 식구가 부른 배 두들겼고 아내가 선심 쓰듯 내일은 자동차도 보러 가자고 하니
적절한 거래였던 것 같기도 하고

기억이란 무덤

물 넘치던 날

친구여, 갈대숲에서 은밀한 휘파람이 더는 들리지 않는다네

나룻배 노 젓는 삐걱거리는 소리도
귓전에서 사라지고

샛강으로 갈라지기 소망하는 욕망을 가래로 막느라 성가신 날도 추억이 되었네

친구여, 아직도 보이지 않는가?
그것은 물이 아니라 불이었다네 활활 타오르는 불길 말일세

불의 천으로 짠 옷을 입고 우린 날뛴 것이지
미친 황소처럼

친구여, 언제까지 팔뚝 부러져라 노만 저을 셈인가?

노을 젖은 강에서 거칠게 젓는 노, 부러지기에 십상이니 인제 그만 내려놓으시게나

옛 시절 입에 붙이고 신명 난 촌로들과 어울려
맞장구치는 맛도 쏠쏠하다네

풀 바람

속 헛헛한 날
강둑 덤불 사이 박힌 밑동 썩은 말뚝에 숨 좀 쉬어보라며 툭툭 치던
풀 바람

허수아비 삭은 옷자락 들치니 거기
빛 부신 별 무리,

남은 등잔 기름을 내쏟아야 할지 불태워야 할지 망설인 나날

꺼져가던 불티 용케 살아나 활활 타오르니

벌겋게 달아오른 아궁이에
콧김 내뿜는 무쇠솥

터럭처럼 달라붙은 서러움이 가슴팍 두들기면 옷매무새 가다듬고
정자세 취하네

잊지 않았으니 고랑 깊게 팬 쓸쓸함을

시린 가슴에 분다
풀 바람이

깨진 종소리

크고 작은 바퀴 구르는 소리, 짐승들 울부짖음
동전 떨어지는 소리까지

무엇으로 값을 치르고 고요의 바다에 누울 수 있으려나

기운이 모이지 않아 번번이 깨지는 거울, 커튼에 가려진 저편을 알 수 없으니

공간이 생기기 이전 무저갱의 침묵을 꿈꾸는가?
발 담글 생각을 마라,

거긴, 부서진 영혼들이 부유물처럼 떠도는
심해의 어둠 속이기에

소음, 털어버리기 위한 순례길에서 공허감을 벗으로 삼아 돌아왔으니
고행의 길에서도 고요란 양탄자에 올라타지 못했구나

묵은 것을 정리한 후 비로소
취할 수 있었던
묵상

황소

팔풍받이에서 지그시 눈 감았다

등짝 훑던 바람에

길게 패는
고랑

차붓소 눈에 들어차는 불그스름한 노을,

옛 고향
강둑

장엄하게 불타오르던
서녘 하늘

나,
사는 날 동안 잊을 수 있겠는가?

배곯던 날에 숨 가빴던
화폭을

생각하는 나무

여린 가지 바람 막아 줄
벽이 없어

옹기 깨져 피 말라붙을 뻔한 적이 몇 번이던가

별들 울음 머리에다
얹고

서리, 서리 이슬에 적셔져 지샌 밤

질겨진 몸으로 뒷짐 지고
헛기침할 때쯤

그릇을 비워야 한다니 과정이 전부라면 시작은 누가 할까

의미로 집 짓고 변명으로 담장 둘러
들어앉아도

끝내 베이지 않던가
나무

맥장꾼

아버지는 고라니 콧잔등만 한 텃밭을 일구시며 쏟아진 돌멩이로 담을 쌓으셨다

돌담 사이로 소나 개나 다 보였으니 마루에서 상추 쌈 먹다가도 인사하기 일쑤였다

돌담에 흐드러졌던 호박 잎사귀와 줄기는 봄이 올 때까지 말라붙어 있었고

아버지는 삼베 적삼처럼 얼기설기 쌓은 돌담으로 무엇을 가리고 싶었을까

훔쳐 갈 것 가릴 것 하나 없는 애옥살이가 속곳 안 걸친 아랫도리처럼 허전했던 것일까

삭풍에
속살은 녹았고 껍데기만 남았다
이끼 슬은 채

마음속의 세상

가슴에 다른 세상 하나가 들어앉았지요 자기네끼리 어울려 마을을 이루었군요

세월의 갈퀴에 흠집 난 나와는 다르게 그들은 변하지 않은 모습입니다

칠흑의 바다처럼 고요히 가라앉았다가 바람 불면 마치 사진이 인화되듯

그리운 얼굴들이 검푸른 물결 위로 하나씩 떠오릅니다

하얀 털의 발발이도 선명하고 종알거리던 종달새는 그 밤에 야반도주하지 못했습니다

팔을 활짝 벌려 웃으며 반기지 않습니까

영원한 포로인 그들을 보고 싶고 그리울 땐 언제나 불러내어 어울릴 수 있답니다

오늘도 고향의 느티나무 아래서 나는
홀로 앉아 있습니다

헛간에서

입을 날이 없을
옷가지

밤낮으로 물레 돌리던 날에 수시로 바꿔 입던 옷, 본시 옷이란 사람 눈에만 필요한 것이라

장터에서 쫓겨난 지금에 무엇이
아까워 못 버리는지

짧은 날의 여러
배역,

용포 걸친 광대는 신수라도 훤하건만 험한 배역에 얼룩지던 옷에는 악취가 풍기누나

장터에서 신명 나게 놀 땐 몰랐었네

파도 위의 흰 거품에
불과하다는 것을

묵은 이빨

할미의 누렇고 긴 이빨이 뒤란에서 죽은 쥐 이빨과 어찌 서로 닮았는지

묵은 땟국 씻을 방도는 없기에 피 잘 돈 날에 장만해 둔 물빛 천으로 이빨을 가릴 수밖에

노예여, 옛 환상을 기억하는가?

밧줄에 손발이 묶여 사십 년 동안 삭은 깃발로 펄럭였던 광야의 환상을

죄인에게 법문은 자비를 베풀지 않아 그날에, 누렇고 길쭉한 이빨을 박은 채
양손을 묶여 계곡 저편으로 사라져갔으니

팔포대상인
그대여,

이빨 닦을 무명천을 준비해 두시라, 앞산 그림자가 생각보다 빨리 드리울 테니

별의 눈초리

걷다가 궁둥이 걸친 데가
풀냄새 풀풀 나는
풀방석이라

멀리, 도시의 혈류는 숨 가쁘게
흐르고

감청색 짙은 하늘에 옭아 매인 별 무리가 아우성친다

장엄함은 눈 밝아야만 볼 수 있는 건가

별빛들 몇백 년
몇천 년,

혹은
수억 년 전에 출발한 빛을 지금 보고 있자니

좁쌀아, 좁쌀아
깨질 항아리가 아직 남았더냐

눈 매운 연기가 한 장단에 꿈이

한 장단이라

애써 살리지 말라
꺼진 불길,
장작도 기름기가 돌아야 불이 일거늘

수억 겁의 가죽을 숭숭 뚫은
별빛처럼

장막 저편의 뭇 눈들 얼마나 나를 골똘히 지켜볼까

구더기가 똥통 속인 것을 인식 못 하듯

오욕칠정으로
들끓는

똥구덩이에서 나는 어떤
구더기일까

까마귀 울음

거친
넝쿨에 걸린 발이 성가시고
스치는 가시, 가시
따가운

옛집으로 가는 길

바람처럼
구름처럼, 살고자 했건만

너, 아직 안 돌아왔을
그곳으로

나, 이제 돌아가는 길

빨갛게 녹슨 대문이
뼈 깎는 신음으로 까마귀 울음과
화음 맞추는

옛집으로

소박한 소망

　세상에는 장대보다 더 높은 곳에 걸린 것도 없고 먼 곳에 자리 잡은 것도 없으니

　하늘 꼭대기까지 닿을 수 있어 달도 별도 쿡, 쿡 찔러볼 수 있다는 아이들
　　생각,

　어른이 된
　　후에는

　아득히 높고 먼 곳을 쿡, 쿡 찔러보고 건드려 볼 것들이 얼마나 많았던가

　남들이 장대로 홍시를 따먹을 때 군침만 바가지로 흘린 세월에

　팔이 짧아 못 받아먹은 떡덩이가 얼마나 많은가?

　아, 장대 하나 갖고
　　싶어라

흩날리는 불티

그대여,
눈만 믿다가는 구덩이 빠지기에 십상이니

바람의 자락을 꼭 붙잡고 걸어라

빗낱에 얼룩진 낯으로 돌사닥다리 가득 찬 산협을 넘어왔는가

부르튼 발 부여잡고 한숨 쉬며 늑장을 부리는가?

아직,
길은 아득하게 남았으니

그대여, 아랫목 뜨끈한 방에서 발 고린내 풀풀 나는 여장을 풀 때까지

부디, 시선 너머로 이어지는 길의 가닥을 놓치지 말고

보이지 않는가?
찧는 절굿공이 사이로 요리조리 피하는
자신을

자전거 도둑

　자갈 튀는 신작로에서 구시렁구시렁, 자전거를 끌고 간다 가게에서 동창 놈이 "자전거는 어디서 났냐" 말에 "자전거 탄 지 십 년 넘었어" 하지만 쿵, 떨어지는 간에 표정 관리가 안 된다 놈이 꼼꼼하게 살피더니 "여기 내 이름 수水자, 보이지? 짐 자전거로 산 거야" 순간 머리가 하얗게 되어 엉거주춤 자전거를 끌고 나왔다 대로에 세워 둔 자전거를 술김에 슬쩍 업어와서는 헝겊으로 닦고 기름칠해 가며 아꼈다 읍내와 시오리 떨어진 집, 빼앗기면 그날로 정강말 신세다 차붓소 한 마리 매어 둔 것처럼 얼마나 든든했던가 하필 수동이 놈 자전거라니 꼭꼭 채워둔 자물통이 기어이 터졌다 "자식, 공소시효 지났어, 다시 만나나 봐라" 찬바람에 볼때기가 벌겋게 달아오른다

향

이젠 그를 다시는
볼 수 없네

독 가시처럼
찌릿하게 뻗치던 미움도
잉걸불 같은
증오도

서 말 닷 되쯤 되던
그의 묵직한
자루도

한 가닥 푸른 연기로 피어오르더니
봉두난발로 풀어 헤쳐

서러운 듯
훠이 훠이, 허공으로 사라지네

버릇처럼 내뱉던 그의
긴 한숨까지

소한

  살바람에 비명 지르는 마른 잡초와 얼어붙은 하늘, 세상은 한기 뻗친 물속이 되었다

  쭉정이 풀씨는 휩쓸려 이리저리 날아가고 마당 빨래는 뻣뻣한 동태로 가스랑거린다

  윗동네 저수지 청둥오리들 지난밤을 잘 견뎌 내었을까

  개울 건너 백 주사는 빙판길이 엄두가 나질 않아 방구들 짊어지고 들어앉았고

  손 타지 못해 안달 난 장기판만 거실
구석에서 뻘쭘하다

  하얀 낮달이 뜬 환한 대낮, 개들도 입이 얼었는지 온 동네가 고요하다

손돌이바람

어둠 저편으로 사라졌던 뭇 영령들 장막 들추는 소리

어허야,
스치는 옷깃에 스산한 밤

아우성 고함은 우묵한 곳에 고였다가
둑 터지듯 쏟아지고

어느 죽음이 억울하지 않으며 예를 갖추기까지 몇 겁쯤 걸리려나?

저물녘 그림자에 낙타 등짐처럼 뽀돗이 실었으니 거품 물다가 허물어지는구나

바람 소리는 물이랑에 일그러지는 달빛의 비애감을 품고

살바람에 파먹힌 영혼이 휘두르는
손톱에 할퀴는
밤,

귀신 탈

마을회관 티브이에서 무서운 장면이 나온다

칠쇠방울 흔드는 소리, 귀신, 어둠 속의 괴이한 울음, 부르르 떠는 대나무 가지,

평균 연령 80세의 할멈들이 무섭다며 야단법석을 떤다 도통 거울을 안 보는 쪼그랑 망태기들

긴 세월에 색은 퇴색되고 틈새마다 찌든 때로 눌어붙어 잘 씻기지도 않는

흙바람 심한 곳의
말뚝으로

무섭다고 호들갑 떠는 철딱서니 없는 쪼그랑 가죽 자루들

한 줌 연기 될 날이 코앞에 다가왔건만
마음은 이팔청춘이라

배꼽의 때

뭇사람 발자취 뒤따라 고갯길 넘는다네

돌니에 찢긴 가죽신으로 넘어온 고개가 몇 구비인가?

차마 잊어버렸다,
어떻게 넘어왔는지 타인에게 보여 줄 수 없는 상흔투성이의 풍정,

구곡간장 훑는 놀이에 가마득한 벼랑 낀 안돌잇길도 넘었다고
한숨 돌리면 산 그림자 덮쳐 오기를 몇 번이던가

고개, 고개 넘고 보니
멀리, 대해 끝에서 일어선 태산 높이의 물너울이 밀어닥치누나

봉사 눈 번쩍 뜬 날,
육탈골립 된 자루가 벗기 아까워 돌부리마다 핏물 묻혔던가

항아리 깨뜨리고 훨훨 날아오른 봉새 한 마리,
아스라한 첩첩 산릉 모두
발아래 두네

그해 여름

세찬 소나기 한차례
퍼부은 뒤

조무래기들
물고기 건진다며 우르르 몰려간 개울둑 길

검정 바지에 흰 와이셔츠 차림으로
깎은 서방 같은
작은삼촌

입 하나 덜어 보겠다며 재 너머 간이역으로 떠나는 길에

줄담배 피우는
아버지

역까지 동행하겠다는 어무이를 한사코 말리던
작은삼촌

쨍쨍 햇볕에 능소화 꽃잎은 기운 없이
후드득, 떨어져 심란한
날에

깃발

폐가 두어 채 양쪽으로 팔짱 낀 옛 관공서

모두 떠난 자리 홀로
보초병으로

신명 나게 흔드는 때 절은 옷소매를 누가 봐주지 않아도 날은 가고
달이 찬다

숨 참아도 땟물 묻으니
발 달린 짐승이라면 온 산야를 헤집어 풀물로 덧칠하련만

빳빳하게 풀 먹인 저고리는 저녁 바람에 헐렁해지고

초봄 애호박이 꾸는 누렁 호박,
긴 꿈이 필요하지

잎사귀 사이에 숨어 퍼먹는 고봉밥에 날 가는 줄 모르고 빗줄기에
패는 밭고랑

바람으로 일어서고 죽는 것이 어찌 그리
닮아 있는지

오일장 개암나무

   돌밭 비집고 올라온 개암나무 형상으로 잿빛 하늘 짜증을 온몸으로
적시며

   고구마 순 몇 다발을 놓고 사람 냄새로 코 호사 누리는 할멈,
까매진 겉가죽에 깊게 파인
세월의 강,

   "누가 요런 낯짝으로 살고 싶것소잉,"
"나가 여잔 줄도 모르고 아그들을 낳았부러성께로"

   "할배 광주리에 시너 개 남은 낯짝, 떨이로 씨게 싼 것이라몬 어쩔
수 없는 것이고"

   "뽑기에 걸린 것이라몬 내 손모가지 탓혀야제"

   "데운 바람 찬 바람 맞으면시롱 요로코롬 사는 거 내 어메가 알것소
내 아베가 알것소"

   "아, 안 살래문 저짝으로 가시우
시롬 가리지 말랑께"

백발의 날에

바람 품고 한바탕
춤사위에 뼈 훑으며 빠져나가는 골수,
한 철에 호호백발이라
바람마다 풀어놓은 이야기로 등짐 지고
백발이 예의를 갖추지 못하면
추한 짐승인지라
오욕칠정이 거세된 정기를 품고도 색 바래지는
일에는 초연할 수 없으니
촛불처럼 펄럭이는
기氣,
백발의 조바심은 여정의 종착역이
눈앞에 다가오는 것이라
바닥 드러난 샘에다 물 한 모금 청하는
갈바람,
남의 가슴에 둥지 틀지 말고 네 갈 길 가려무나
품삯은 저마다
달라서
주머니에 고린전 몇 푼 짤랑거린 넉점박이로
나, 흙밭 뼛가루로 뿌려져도 씨 뿌린 이
손길을 따랐으니 미련도
후회도 없어라

일그러진 얼굴

깊은
밤,
한 줄기 차가운 바람에

문득 눈 떠보니 커튼 사이로 보이는
둥실 뜬 둥근 달

고향을 떠난 지 어언
수십 년째

틀어진 관계에 민들레 꽃씨처럼 날아가 버린 사람들

하지만 너는 언제나
그대로구나

일그러졌다가도 원래 모습으로 되돌아오는
복스러운 너처럼

멀어진 사람들 옛 모습 그대로
다시 볼 수 있다면
좀 좋으랴

별빛 흐르는 밤

 감청색 하늘에 별빛이 흐릅니다 한자리에서 맴도는 것 같지만 별은 강물 흐르듯 흘러갑니다 여기, 한곳에다 말뚝을 박았는데도 유리개걸 하다시피 살았습니다 발자국 무수히 찍힌 마당 딸린 집에서 삽니다 이제야 조금은 알겠네요 떠돌고 흐르는 것엔 딱히 발걸음이 필요하지 않다는 것을요

 가만히 앉아 있어도 바람에 별 흐르듯
 떠돌게 된다는 사실을요

아귀 입

포구에서 헐값으로 구매한
아귀 한 상자

손질하는 것이 여간 까다롭지 않아 어느새 피가 난다

가시 이빨이 입천장에 돋아 한번 물린 먹이는 빠져나올 수 없는 구조에

놈들 생선 한 마리씩을 꼭 물고 있다

무서운 집착이다,

아귀 입을 가진 자들이 있다 갈퀴가 입 속에 박혀 죽기까지 삼켜야 하는 자들

입에 문 것을 내 마음대로 뱉을 수 없는 것은 끔찍한 저주가 아닐까

원하지 않은 아귀 입을
가지는 것도

썩고 삭은 것

삭은 것은 살아 있는 것이고 썩은 것은
죽어가는 것이니

삭아가는 것엔 풍경이 실리고 향기가 나지만 썩는 것엔 허물어지는
살에 악취가 풍기니

눈으로,

삭은 것에 돋아난 싹과 썩은 것에 돋아난 싹을 구별하기란 여간 어
려운 일이 아니지

전쟁터에 널브러진 시체 사이로 죽은 척하는 병사를 알아차리기가
쉽지 않은 것처럼

삭고 썩는 손길이 서로 자기의
침을 묻히려 함으로

그대여,
바람이 잠잠해지기까지 기다렸다가 장독 뚜껑 열 때부터 바짝 긴장
해야 하나니

아기단풍

눈보라 전경을 넘어 휴양림 산책길 끝머리 배배 뒤틀린 아기 단풍나무가 떠오른다

지난가을 잎사귀 몇 닢 달고 좀 봐달라며 갸웃갸웃하더니만
꽁꽁 언 몸을 어찌할까

새들 떠난 숲에서
말뚝으로 박혀

먼먼, 발걸음에만 오매불망 귀 기울이는 것만큼 절절한 고독이 또 있을까

길을 몰라도 걸어야 할 때가 있다
구름 탑을 그리면서

겨울 너머를 보려면 밝은 눈이 있어야 하지만 세상엔 밝은 눈 가진 짐승, 드물기에

겨울 고개, 서너 번쯤 넘어야 얻을 수 있는
빨간 단풍 잎사귀
몇 닢

흠뻑 젖는 날

도통 밥알을 못 넘긴다는 환자의 말에
곧 좋아질 거라며 위로하던
목사,

계단을 내려와서는 일주일 넘기기 힘들 거라며 한 귓속말이 그대로 들어맞았다

빗방울이 폭우로 확, 퍼부으니
세차게 쏟아지는 비

빗물 홍건히 고인 구덩이의 질퍽한 황토가 달라붙어 인부들 우왕좌왕하고

구덩이에 밀어 넣은 관의 축축함이 폭우 속에서 스멀스멀 되살아난다

젖은 채 묻힌 자는 무엇으로 축축함을 떨쳐 낼까?

그 축축함이 폭우 속에 선 인부들에게
들러붙고 있다

기품이란 가면

그는 절름발이지만 용케 여자와 살림을 차렸다

젓가락 장단 두들기던 작부를 꿰차 딸, 아들 하나씩 낳아 두엄더미에서 꽃을 피웠다

오물을 씻어내니 깃털에 윤기가 살아났고 하도급 사장 마누라 위세가 나왔다

구린 막창만 먹다가 레스토랑에서 칼질 맛을 알게 된 그녀,

기품 두른 공작새 걸음이었으니 지난날은
몹쓸 꿈이었다고,

몰랐다 후배 놈이 떠벌려 그녀의 과거를 사람들이 죄다 알고 있다는 사실을

발끝에 힘주어 도도하게 공단을 누볐다 꽁지깃에 한 무더기 똥덩이가 달린 줄 모르고

세월 흘러, 딸내미는 노무사로 아들은 장교가 되었으니
그녀의 몹쓸 꿈은 재현되지 않았다

촉

 예측 불허 비행으로 이쪽저쪽 부딪히는 똥파리에 파리채가 허공을 가른다 방충망 어디에 구멍이 났나? 얼마 전 길고양이 똥 무더기에서 만찬을 즐기던 놈들 보고 질겁하던 아내,

 아차! 싶어 싱크대로 갔다 어느새 삶은 토종닭에 떡하니 자리 잡았다 계산 없이 후려치니 볼썽사납게 배가 터졌다 아내가 나오기 전에 잽싸게 거둬내고 증거를 인멸했다

 민감한 촉수를 지닌 그녀, 보아야 할 것은 못 보고 못 볼 것은 보려고 애쓴다 입에 기름칠하며 닭 다리를 뜯으니 횡재를 놓친 강아지가 식탁 밑에서 한 입 달라는 눈빛이 간절하다

마른벼락

호통치는
자들은

경기 일으키듯 놀라는 모습을 보고 싶어 하므로
나 죽었소, 하는 것이 꾀보 짓이지 않을까

늘 두려움에 휩싸인 겁쟁이는
억울하겠지만

기름기 번들번들한 자들 겁주기 위해 삼지창 파란 불이 청천, 가로
질러 뻗치면

눈치 빠른 자들 납작 엎드려 불탄 냄새로 가늠한다

내 살이 탄 냄새인지 남의 살이
탄 냄새인지

허풍은 송곳니 드러내는 맹수와 순한 짐승을 밝혀내는 도구로 유효
하지만

뻗쳐나가는 파란 불을 남의 일처럼 멀뚱히 바라보다가 우연이란 짱

돌에
　질그릇 와삭, 깨지니

　날벼락도 눈치 없는 자들이 불러들이는
　불운의 가락일까?

기억이란 무덤

옛 시베리아
수용소,

시체가 구덩이에 가득 차면 흙으로 덮고 옆에다 또 구덩이를 파서
무덤을 만들어 나갔다고

마찬가지일 터
가슴에 웅덩이 하나 파두어

좋지 않은 기억은 묻어야 지난날에 멱살 잡혀 끌려다니지 않을 것이므로

버려야 할 것을 안고 있으면 썩는 냄새가
진동할 터이니

자동차 앞 도로에 정신 쏟아야지 스친 풍경을 자주 뒤돌아보다간 낭
패당하기에 십상이기에,

등 뒤 풍경은 스친 것으로 족한 것이
대부분이라서

고비 사막

영하의 날씨에 김 모락모락 피는 밥상 앞에 앉았노라니

까닭 모를 눈물 한 방울
뚝, 떨어져

고비 사막 열두 바퀴 더 돈 쌍봉낙타 이야기를 들어나 봤을까?

갈라 터진 낙타의 뭉텅 발로
피 칠갑한 모래밭

남들은 몇 번씩이나 마셨다는 오아시스 샘물을
입 한번 못 적셔 본 채

열기 속에서만 걸어 바싹 마른 북어 되니 쇠줄에 꿰맨 아가미가 아파라

한 숟가락의 밥이 목구멍에 걸려 넘어가질 않아

문밖 모래 언덕을 넘어가야 할 일이
아득하구나

비늘

오백 년 느티나무가 두른 문서를 읽을 수 없고 씨앗 속에 감추어진 세상을 보지 못하니

말라깽이 계집애가 살 뽀얀
숙녀가 됐다

비늘에 가려진
내일,
감질나게 떨어지는 비늘조각 따라 드러나는 것들

민 머리에 뿔이 솟아, 자라고
꺾이는 날까지

눈으로만 판단하려는 습관 때문에 뒤란에는
발길이 닿지 않아

젓갈로 폭, 삭아 백골에 이르는 과정은 시간이 그려내는 화폭이려니

화우로 쏟아졌다가 다시 숨 붙이고 피기까지의
비늘 벗기기 놀이

달랭이 진주 목걸이

가시나무 울타리를 지나온 찢긴
바람 같은 그대여,

오늘이 몇 해 전 당신의 하늘이 무너진 날이지요 한 줄기 갈바람이 서늘하게
잿빛 스웨터에 들러붙습니다

빛으로 아롱지는 한 알의 진주는 고통의 진액으로 덮은 조개의 눈물이라네요

압니다,
굳이 말을 안 해도 가짜 진주라는 것을요
그게 대수랍니까

때론 진짜는 흔적 없이 사라지고 가짜가 끝까지 품에 남아 위안을 주기도 하지요

그대여,
감추겠다고 마음만 먹으면 가슴에다 태산인들 집어넣을 수 없겠습니까

모닥불이 꺼진 후

둘러선 이들 중 누구도 불 먹이를
던져 넣지 않는다

여기까지만이다, 라고 약속한 것처럼 매운 연기를 피해 흩어져 떠나
는 사람들

만나고 헤어지는 한 장면일 뿐으로
어느 잔치가 그러지 않을까

잿불을 짓밟아버리고 저마다의 둥지로 날아가는 이들 발자국만 어
지럽게 남아

어둠 속에서 날아온 가랑잎 한 잎이 화르르 제 몸을 사른다

전에 온 사람 중에 두어 사람이 빠졌나?

다음번엔 또 누가 안 보일까, 차례로
사라지는 사람들

씻겨 가도 계속 깔리는 개울의 자갈처럼 새로운 자갈로 채워지는 모
닥불 놀이

두려움이란 손님

까마귀 떼 그림자로 창문에
햇살 비치는 날이 드물어

성난 파도를 일으켜 겁을 주면서도 살갑게 귓속말로 소곤거린다 조심하라고,
츠렁바위 불거진 데마다 모양이 제각각이듯 다른 얼굴로 나타나기 일쑤로

숙주로 삼아 살 파먹는 주인을 벼랑 쪽으로 몰아넣고 피할 길도 동시에 가리키는 손가락

서녘으로 허둥지둥 떨어지는 해에 불안해지는 숲

핏줄이 말라붙을 때까지 놓지 않을 것이니 내쫓을 수도 놔둘 수도 없는 불편한 관계로

찬밥 더운밥 따지는 객과 일일이 타협해야만 하는 울타리인지 족쇄인지 가늠할 수 없어

언덕, 내리막길 구분 없이 튀며 구르는
쇠 굴렁쇠

12월 달력

벌레가
야금야금 뜯어 먹은
잎사귀,

쉴 사이 없이 갉아 대는
주둥이에
발가벗긴 나무

달랑, 한 장 남은
잎사귀

비바람 불고 눈보라 휘몰아쳐도

죽기 살기로 잎사귀에
딱, 달라붙은
벌레

열받은 기차 바퀴처럼
숨이 차다

벼랑을 건너서

바구니에 담긴
흰 봉투
제때 나온 적이 없어 애간장 녹이던 월급
꼴깍, 침 넘기는 목울대에
실낱 숨
후드티 모자로 얼굴 깊게 가린 늙은이
텃새는 품고 철새는 내치니
몇 봉지 과자와 소주, 말이 좋아
송별식이지
목 뎅강, 잘리는 날
민망한 자리에서 건네지는 술잔에
사장이 미안한 투로
일거리 생기면 다시 보자며 덕담으로 마무리
흔들리던 불빛 너머 장벽처럼
일어서던 벼랑,
옛 둥지는 잘 있는지 날아온 곳이 멀어
안부 알 길이 없고
가랑잎 이리저리 몰려다니던 길거리에서
나 홀로 남겨진 망망대해처럼
소름 쫙 돋던 그해,
늦가을 밤

홀아비바람꽃

강의 노래

수박 냄새 나는 물고기 노닐던
맑은 강

아버지의 아버지 때부터 이어져 오던 강의 노래

발가벗은 작은 악귀 한 마리 퐁당거린 후 개구리가 생기니 뱀 우글
거리는

몹쓸 강이 되어버렸네

붉은 말이 고삐 풀려 미친 듯 내달리니 발굽에 튀는 돌에 사람들 다
치고

마침내 가라앉는 흙먼지 넘어 강을 바라보며 아버지의 아버지 때부터

이어져 오던 강의 노래를 다시 흥얼거릴 수 있으려나

그때는 수박 냄새 나던 물고기가 맑은 물길로
거슬러 올라오겠지

바람의 기억

  국화주 잔 돌리면서 선비 흉내를 내지만 누른 이빨 사이로 문뱃내 풀풀 풍기는
   뜬벌이 꾼들

  한 장단 건너와서는 짐승 되어 울부짖으니 피롱에 갇혀 버린 한 줌의 바람,

  입안에 찬 문뱃내를 토해내고 옛 두옥으로 돌아가야 할 시간을 곱짚어보니

  그래, 이쯤에서 기억나누나 오욕칠정이 어디 걸릴 데 없이 매끈했던 날이

  부푼 살갗에 다시 깃이 오돌도톨 돋아날 것인가?

  아가미에 펜 낚싯바늘을 먼지 털듯 뽑아버리고 날들을 물처럼 유영하리라

  솔솔바람 이마에 나지막이 나부끼면
  그대, 무심히 쓸어 올리리
  나를

까마귀 부리

 어쩐지 상자 손잡이를 만들어 주더라, 쏟아 놓으니 큰 알은 위에 덮은 것이 전부이고 밑에 든 알은 죄다 새끼 돼지 불알만 한 것들이다 바람 든 무처럼 꺽꺽, 씹히는 맛이라니

 시절이 변해도 장사치 수법은 그대로구나 싶다 에라잇! 잘 먹고 잘 살아라, 흠집 난 사과와는 질긴 연이 있다 사방이 사과밭인 곳에서도 좋은 사과는 먹어 본 기억이 없다

 상품성 좋은 것은 도시로 팔려나가니 흠집 난 사과나 낙과를 얻어먹었다 타관바치로 부딪쳐 온 흠투성인 자가 흠집 과실을 업신여기면 격에 맞지 않다 싶어 그만 입 다물었다
 초록이 동색이라 하지 않던가

동창회

애송이 나무,
굵어진 뼈대로 서로 마주 섰다

삼신할미가 피운 연기라도 뒤집어썼나?
뽀송한 낯짝이 첩첩 계곡으로
주름졌으니

머리에 흰 눈발을 뒤집어쓴
애송이도 보이고

눈 밑에 불룩하니 심술보 하나씩을 훈장처럼 붙이고

시간이란 매운 연기에 씌워져
제대로 곰삭았다

뭐가 좋다고들 물컵이 쏟아지고
접시가 깨어진다

옛날 철없던
때처럼

디오게네스의 변론

저울에 놓인 물건도 값을 다시 매기고 새로 지은 성城도 헐값으로 팔
아넘기겠다

어떤 길을 택하던 종착지는 같을 것이니 값싼 천으로 몸을 가리면서
곯은 배로 살 것이다

올가미 매는 자들 허다한 세상에서 바람받이에 촛불 두기를 겁먹지
않을 것이며

창녀들이 펴 준 이부자리가 아닌 나 스스로 편 이부자리에 누워
잔 가득 채운 사슴 피로
영혼을 적시리라

나를 종으로 부리며 흙냄새보다는
날개를 소망하는
벌레로

흙먼지 뽀얗게 일으키며 내달리는 군마를
눈길로 쫓지 않으며

시퍼렇게 날 세운 칼날과 저벅거리는 군화 소리에도 두려움을 가지

지 않겠다

　내 집 울타리를 넘보는 자가 있다면
　이빨을 드러낼 것이며

　어둠이 내 영혼을 쪼갤 수 없도록 웅크리고서 껍데기는 먹으라고 던
져 줄 것이다

　감정 없는 독충으로 살려는
　몸부림으로

　홍등 불빛에 물든 도시를 경멸하며 질긴 허물을 벗겨내는 데는 갈퀴
를 사용할 것이니

　키가 자라나려면 곁가지는 계속
　쳐내야 하므로

군병들의 노래

말뚝잠으로 날 새는
군병들
계절이 끝날 때까지 회초리질은 계속될 것이라

발뒤꿈치를 들지 않을 것이며 노루 발굽 가지기를 소망하지도 않는다

자리에 선 채
녹더라도
멍석 펼칠 자리가 마련될 때까지 땅 고르기는 계속될 것이니

알고 있다 버텨 내지
못할 것임을
순응하는 이에게서 퍼지는 순한 향기

꿈꿀 자들이 돋아나면 묵은 꿈에서 깨어난 자들은 거름 되어 녹아 버릴 것을

어느 죽음이 고통스럽지 않겠냐마는
꿈이 피 칠갑이 되어도
꼿꼿하게

바퀴 빠진 기차

　자맥질하는 청둥오리를 물끄러미 바라본다 먹어야 산다는 말, 쟤네한테 딱 어울릴 말이다 종일 먹을 것만 찾아 헤매야 하는 삶도 얼마나 지겨울까 비운 밥그릇은 뒤도 안 돌아보고 떠나버리는 청둥오리의 본능은 누가 심어준 것이며

　나는
　여기, 백사지에서 깃털이 다 빠지도록 버티는 중이다
　먹어야 유지되는 살덩이가 거추장스러워

　연탄배달을 하는 후배와 마주쳤다 등짐을 진 마소 품새이다 흠칫, 놀라는 기색이 알아본 뽄새이지만 말없이 서로 비켜섰다 잘 벌던 직업이 시절에 쓸모없게 되었다 철길을 벗어난 기차가 달릴 데는 없다 하지만 철길이 끊어진 곳까지 죽어라 하고 달려야 하는 기차도 있다

고통의 끝

　시멘트 바닥에 갈색 사마귀가 엎어져 버둥거린다 양손에 시장 봉지를 든 그녀가 마치 담뱃불을 끄듯이 비벼버린다 불똥이 튀면서 하나의 생명이 끝나고

　총총 가는 뒷모습을 물끄러미 보노라니 형언할 수 없는 감정이 밀려든다 고통을 일시에 없애 준 구원자인가 아니면 미물쯤 생명에는 무감각한 것일까

　요즘은 안락사가 허용된 나라로 은밀하게 날아가 고통 없이 생을 마감하려는 자들이 많다는 기사를 보았다 인생이란, 올 때처럼 떠나는 길도 만만치 않게 빡빡하구나 싶어

　누군가가 구둣발로 힘껏 문질러준다면야
　쉽게 끝나련마는

비정한 달

나뭇가지에 걸린 달의 모양이
저마다 다르듯

사람은 자신의 방식으로 가슴에다 달을 담는다

쓸쓸하거나
비정하게
무정하거나
애처롭게
마음 아리거나
냉정하게

점점 기울어져 가거나
점점 차오르거나

너의
가슴속 달은 어떤 모습인가?

벌레에 갉아 먹힌 달처럼 찌그러졌는가
아니면 동그란 은화처럼
온전한가

시작과 끝

금 간 곳마다 덧칠을 해왔다
오래된 벽

늙은 노새의 누런 정강뼈는 조만간에
무릎을 꿇을 것이라는 사실을
모를 수 있는가

무너질 것을 생각하며
쌓은 담이 없듯
끝을 생각해 둔 시작이 있을까

끝이 시작을 원망하는
지경에

손에 쥔 것 같아도 전부 스치는 것이라
풍광을 자루에 넣을 수 있던가

눈요기로 끝나가는 시작의 여정,

벽이 무너지고 있다
와르릉!

섣달, 긴긴밤에

검푸른
밤,

길고양이가 사라진
지붕을 훑는 반달은 스친 된바람에
낯이 얽었고

가죽 채찍 소리에
나목들 벌 받는 아이처럼 손 모으고 섰다

풀벌레는 따스한 품을 꿈 꾸며
잠들었는가?

꽁꽁 언 별들 늦가을 갈잎처럼
우수수 떨어지는
섣달,

거른 군불에 구들목은 삼청 냉돌이라
먼 교회당 종소리 어스름 방으로
가득 들어차는
새벽

숨

잘 알지
너를,
참아내고 있는 것을

센 바람 속에서도
참고 있는
숨을

참다 보니
둑을 쌓아 큰 저수지가 되었다는 것도

힘 부치는
날,

둑 터져 모든 것을 집어삼키기 전에
흘려보내야지

부디,
폭, 찔러 작은 구명을 내렴
누구도 모르게

불놀이

죽 끓듯이 펄펄 끓는
불구덩이

기운이 넘친다는 것은 불길에 휩싸였다는 것

그대, 아직도 불놀이에 빠져
허우적대는가

창문이 환해지면 굳어진 용암이 실체를 드러낸다

서로 엉겨 붙어 사방으로 날리던
불티에

나팔 소리 웅장할 때
불덩이로 엉켰던
두 마리의 불뱀은 풀어지고

그대와 나, 화인을 이마에다 깊이 새겼으니

한 줌 재인 몸에 얹힌
짐이 무거워라

모락모락

아들 셋에 딸 셋,
며느리 사위
들락날락에 풀 자랄 틈이 없던 마당은 적막강산이 됐다

향초 연기 뭐가 좋다고 연달아 피워 구시렁거리는 귀신이 되었을 터이니

알 수가 있나, 떠났는지 아직 남았는지를

흩어진 신발짝 사이로 울부짖던 흰둥이를 이웃집으로 보내고 야옹이는 제 갈 길을 가버린

담으로 둘러선 해바라기는 죄인처럼
두 손을 모았고

청동호박만 한 할미 엉덩이가 힘에 부치던 난초 요강은 눈치가 빤하다

반쯤 파묻혀 입 딱 벌린 놋 사발이
방금 장구놀이 한 장단이
막 끝났다며

슬픈 바다

밤낮 곡괭이로 파 내려가노라니 우물 아닌
바다를 만난다

휘영청 달밤에 심해의 바닥을 봐야겠다는 일념으로 무리에서 떨어
져 나온 외기러기

어둠이 어둠을 삼키는 망망대해에서 집중하는 자에겐 두려움은 곁
가지이기에

일렁이는 물빛 속 망토 펄럭이는 만타 가오리를 뒤따라 숨죽인 미행
으로

실타래처럼 얽힌 미로 깊숙이 들어앉은
흑암의 궁전으로 초대,

달콤한 피리 소리 실체를 마주하니 검은 대리석 벽에 장식된 창백한
말의 핏발 선 눈알,

외기러기, 유리잔 터지듯
산산이 부서져

잿빛 흐린 날

오래된 집은 손질하고
고쳐도
태가 안 난다
물기 빠져나간 나목처럼
핏기 없는 낯,
살바람이 모질다는 것은
몇 번 된통 맞아 보았기에 잘 안다
그대와 나,
영혼이 바짝 마른 우물 같으니
정강뼈가 쓸 만하던
그날엔 황홀한 꿈속을 거닐었지
백합의 꽃밭을
꿈꾸지 않았다면 차라리 안타깝거나
아리지나 않았을 것을
오르기 힘든 오르막길에서
둘이서
놓친 붉은 구슬은
눈앞에서 빠르게 사라졌다네
따라잡지 못할 속도로
굴러 가버렸네
영원히

중환자실에서

저마다
깨어나려는 몸부림으로
껍데기 터지는
소리

뿜어져 나오는 훈김으로
가득 찬 부화장

마침내,

잿빛 적요
속에서
날갯짓으로 비상하려는
흰 고니

그리고,

눈가에 맺힌 눈물 한 방울에
비로소 멈추어 선
열차 바퀴

모래 나신상

해설피 무렵 세차게 밀려드는 물이랑에 허물어지는 나신상,

몇 시간쯤 매달려 혼신으로 빚을 텐데
왜, 힘을 소비했을까?

시간이란 두루마리에 말려들어 희생제물이 되지 않는 것은 무엇인가?

나는 녹아 없어져도 우리란 건더기만 남는
섭리는 무엇인가

뽀얀 먼지를 털어내고 경서의 책장을 넘기노라면 거기,
지팡이 쥔 늙은 예언자의 전언이 있으니

흩어진 뼈가 한곳으로 모여 살이 붙고 마른 핏줄에 피가 돌아 벌떡,
일어서는

사람에 대하여,

두루마리 풀릴 날을 예시하노니 그날에 시간이란 천을 찢어 버리고
완전한 삶으로

얼룩

어떤 종말이라도 흔적을 남기니

설령 빛이라 해도 꽃무늬만 그리며 걸을 수 없듯 행위는 얼룩으로 남아

파리채에 맞아 피 튀긴 벽이 무늬일 수 없고
갉아 먹힌 잎사귀이듯

찬란하다는 무늬는 그들만의 잔치일 뿐

8차선 도로로 지워져 버린 수목장 숲처럼 재 널브러진 불탄 자리,
바람에 흔적 없어지듯

그대가 쌓았다는 탑은 한낱 얼룩일 뿐이고

그들이 떠난 자리의 얼룩은
당신일지도

똥파리의 꿈

당신은 알아야 한다
그에게
벌새가 되라고 강요하는 것이 아닌지를

애태우지 말라,

늘 똥 무더기를 찾아 두리번거리는
그이기에

탈을 바꾸어 씌워도 그는 언제나
본래
제 모습으로 되돌아간다

그가 벌새나 나비가 되지 못하는 것은
당신 탓이 아니다

누구도 그를 벌새나 나비로
탈바꿈시킬 수 없다

그는 강철로 쌓은
벽이기에

물메기

선술집에서 막노동꾼 둘이서 대화를 나눈다
'그 마누라쟁이 길에서 제 남편 좀 찾아 달라며 통사정을 하데'
'누가?'
'아, 마누라한테 두들겨 맞고 산다는 그 얼빵이 말이여'
'포악하게 때릴 땐 언제고 인제 와서 왜 찾아?'
'집에 양식이 똑 떨어졌대'
'머리에 혹을 달고 살더니 잘 떠났지 뭐'
'그 얼빵이 죽어도 이혼은 안 하겠다더니 어디로 갔을까?'

매운탕 식당에서 아주머니가 도마에
물메기를 놓고
'얘는 어쩌다가 대가리가 홀랑 다 헐었대' 하고는 머리를 탁, 잘라 쓰레기통에다 던진다

폭풍 속에서

지붕 절반이 날아가 버렸다
뻥 뚫린 가슴

삭은 깃발처럼 영혼이 갈기갈기
찢겨야 할까

수레바퀴가 개미를 피해서 굴러가랴
생각 좀 하며 살라고,
잘난 척 말라고,

얼마나 보잘것없는 존재인지 깨우치라고,

단지 새끼 곰이었을
뿐이라고

수풀 넘어 어슬렁거리는 어미 곰을
눈여겨보라고

얼마나 다행인가, 어미 곰
발톱에 찢기지
않아서

홀아비바람꽃

멀끔한 낯짝에 장대 키의 장정,

트럭에 배추, 무를 잔뜩 싣고 오일장으로 나선다

키 크면 싱겁다더니 빈 소린가 보네, 동네 사람과 말 함부로 섞지 않는 입 무거운 사내

배짱으로 하는 장사에 양동이를 놔두고 잔돈은
거슬러 가시오, 하고

벙거지 푹 눌러쓰고는 나무 그늘에서 독서 삼매경에 빠졌으니 두툼한 법전으로 말이지

사랫길에서 강아지풀 하나 입에 물고 무명유한無名有閑의 유유자적을 즐기는 사내

곱상한 옆집 과수댁을 친누이 대하듯 할 뿐, 논틀밭틀로 모가지 쭉 빼고는

바람만 품고자 하는
홀아비로

둑

네가 곁에 있어 별처럼 빛나던 날

꿈은 깨기 마련인 것을
왜 몰랐을까

너 떠난 나는 또 다른 나이기에
아파하지 않으리

삶은 비정한 바퀴를
굴리는 일

얼마나 많은 둑을 허물며 계속 굴려야 할까

피가 튀고 살점 뜯겨 나가는
참담한 땅에서

고양이 마음이 나와 같은 줄 알고

종종걸음 걷다가 찢겨 죽는
비둘기처럼

갈대밭에서

청천 가로지르는 되새 떼 갈대밭에
풍파를 일으키누나

개펄에 깊숙이 박힌 말뚝, 간뎅이가 작을수록 뿌리는 깊게 내리는 법이지

나 옭아맨 말뚝에 남도 옭아매어 묶으니

회초리질에 멍투성이 된
몸,

거센 바람에 굵은 허리도 동강 나는 판에 허리가 가늘면 휘어지기라도 잘해야지

길들인 부드러운 허리를 너무 자책 말라 안 비굴한 종놈은 누구인가?

허리 똑, 부러져 쓸모없는 종보다
바람 비위, 살살 맞추어가며
동그랗게 눈 뜨고

장마

보름 넘게 이어지는
비,
옷방으로 들락이며 곰팡이에 조바심 나는 아내
삼복 날 방에다 불을 지핀다

구질구질했던 옛 곰팡이가
스멀스멀 피어오른다

남산만 한 궁둥이를 도마 깔고 앉아 때를 밀던 놈
뒤돌아 앉아 삶은 달걀 한 판을 다 까먹던 놈
술주정으로 밤마다 소리 지르던 놈
목욕은 고사하고 샤워도 몇 달씩이나 안 하던 놈
달에 한 번의 공휴일에 잠만 자던 놈
서너 달치 봉급을 떼어먹고 도망간 하도급 사장 놈
봉급을 더 받기 위해 이곳저곳 직장 옮기던 놈

고린내 진동하던 거렁뱅이 소굴 같던 합숙소
70년대 가내공업 공장의 전경,

장마에 핀 곰팡이는 닦아도
얼룩이 남더라

난쟁이 느릅나무

흙 서너 줌 깔고
바위틈
부스럼 딱지 옹이로 둘러싼 몸

울지 마라,
구구절절 네 사정 남에게 이야기할 것 없단다

저마다 빠듯한 짐으로 허리 휘는
세상살이

축축하게 젖은 속곳을 타인이 대신
말려 줄 순 없는
법

입술을 깨물고 견디면
지친 바람에
한숨 돌릴 휴식은 주어지지 않겠느냐

울지 마라,
서리서리 노을빛이
차갑구나

예번즉란

홀로 된다는 것은 가시에 무수히 찔린 끝에 누릴 수 있는 호사가 아닌가
타인의 경험과 지식은 장터 국밥 냄새인지라

물에 빠져 죽는 자를 봐야 깊은 저수지란 것이 와닿고 불에 닿아 봐야만
화상의 쓰라림을 실감하는 것처럼

된바람에 매 맞지 않은 나무가 키를 키울 수 없듯
산다는 것은 생채기 나는 일이 아닌가

이웃집을 찾았을 땐,
입이 달아도 땅거미가 내리기 전에 마쳐야 하고 말이 남아도 때맞춰
일어나야 한다

전쟁에서 살 떨어져 나간 뼈 무덤을 본 자는 영혼이 얼음처럼 차가
울 수밖에

큰 나무일수록 주변에 작은 나무를 두지 않으니
키워야 한다,
배덕감을

살모사

둥지서부터 이빨을 드러낸 사이라 서로 살 비비는 것이 어색해

돌멩이 세례에 길들여져 돌팔매질에만
능할 수밖에

학습은
악인의 칼날을 더 날카롭게 만들지

껴안고 싶어도 비늘 가시에 찔려 피를 볼 뿐 죽을 때까지 단 한 번을 껴안지 못하고

껴안은 자들을 부러워하면서도 눈은 밝아 멀리 세워두고 애만 타들어 가니

짚불이로구나
세월이

이끼 낀 우물

어떤 우물은
머리 숙이고 살펴볼수록 더욱 깊어지나니

우물 깊이 따위 가늠해 본들

쓸데없는 짓인 것을

발길 돌리지 않으면

어지러워
풍덩! 우물 속으로 빠질 수도

산가지 잘못 뽑은
죄로

갈증 심한 날에 목 축인 것으로 충분하거늘

그대여, 인제 그만 떠나시라

후벼 판 깊고 깊어진
우물에서

묵화

거칠게 한 번 쓱 지나간
붓칠에

제피나무잎 휑하니 떨어져 추어탕은 내년에나 먹으려나

누르스름한 치맛자락 펼친 텃밭에 추석이 코앞에서 빤히 섰다

마을회관 개근상 줘야 할 금순이 할멈은
추석을 못 쇠게 되었으니

길 가장자리에 심어둔 서리태가 꼬투리 갈라 터지는 소리로 주인을 찾건만

기력 쇠한 자들에겐 여름은 턱 높은 고개였으니

길섶에 내팽개쳐진 고무신 한 짝
못내 서러워라

바위 어른

안성맞춤이네요
관후장자 모습이 꼭 당신을 닮았습니다

너울가지 가지려 애썼지만
잘 안됐잖아요

고린내 풀풀 나던 애옥살이에
체면 유지 쉽지 않았지요

멱 감듯 훌훌 옷가지 벗어 던지고 그토록
원하던 모습을 가졌네요

흘러가는 구름을 잡아
지붕 삼고
솔바람을 친구 삼았으니 한 천년쯤은 쉬이 가겠습니다그려

만수받이였던 당신,

꿈에라도
생각 마시고 애달플 일 없이
편히 쉬셔요

꽃무늬 이불

몇 번을 펼치고 접기로 여러 마리의 나비 날려 보낸
꽃무늬 이불,

주인 입심에 홀려 구매한 봄 이불, 근질근질하고 따끔거린 통에 뒤척인 밤,

구미호에게 간 빼 먹힌 사람에 비하면
약과인지라

홀리면 홀려 주는 것이 현란한 뱀 표피에 대한 개구리로서의 예의가 아닐까?

홀려야 할 자와 홀림을 받아야 할 자는 같은 선상이다, 그래야 공은 굴러가니까

애쓴다고 안 속고 잡아먹힐 개구리가
뱀한테 안 잡아먹힐까

오래된 식탁

등에 짐을 올리기엔
낙타는 늙었다

짊어진 짐에 냄새 밴
낙타의 등

맞댄 얼굴의 주름살은 잘 보이지 않아

허튼소리를 삼켜 불룩해진
멧부리,

지우개론 지울 수 없는
옛이야기

부쩍 뼈 부딪치는 소리 자주 들리니
버림받을 자의 떨림이 전해져

주인으로서 예의는
지켜야지

당나무

노부부의 목과 손목에
금 사슬의 금붙이가 노란빛으로 번득인다
방귀 꽤 뀌는 집인가 보다

오백 년 묵은 느티나무인
당나무와 겹치니

색색 천 쪼가리 끈으로 칭칭 감은
푸닥거리의
노거수

왜, 오래된 것에는 한결같이 서늘한 어둠이 배어 있을까

꽃상여를 보관하던
곳집처럼

간호사가 이름 부르니
두 그루의 당나무가 겸손히 일어선다

마치 염라대왕을 뵈러 가는
모양새로

종합병원에서

저수지 한가운데
성城,
상처 난 오리들이 날아든다
대리석 바닥에 내려앉은
꼬질꼬질한
오리들

흰 연기를 꼬리처럼 달고 물처럼 흐물거린다

살냄새 풍기는 오리가 지나가면
약 냄새 밴 오리가 뒤뚱거리며 따라오고
향긋한 비누 냄새 오리 뒤에
풀냄새 풀풀 나는 오리가 따라붙는다
물방개를 붙인 오리도 보인다

냄새로 떡칠한 오리들

줄 서서 기다린 끝에 하얀 딱지 한 장씩을 받아
이마에 붙인 오리들 떼지어 날아오른다
흰 연기를 꼬리처럼
붙이고서

빗소리

할 일이 없으니
비가 내린다

노드리듯 속 풍경은 흐릿해지고 빗속으로 사라져간 발자국에 물둘레가 그려진다

다들 어디쯤에서
서성일까

유령처럼 떠도는 이들은 이 비에
얼음 녹듯 녹아내리겠지

젖은 머리가 꿈으로 가득 찬 느티나무에서
새들은 벙어리가 됐다

머뭇거리다가는 빗속으로 걸어 들어가야 할 시간을 놓치니 용기를 내야 한다

마치 어둠을 뚫고 달려오는
기차에 올라타듯

샹그릴라

제초제를 뿌려야 하겠는걸… 장마가 끝난 후 텃밭이 무성한 풀숲이 됐다

아내가 만류한다
개 고양이 놈들 풀 뜯어 먹는다고

시절이 이상하다

처서가 일주일 채 안 남았으니
내버려 두란다

풀숲,
거기 풀벌레들 화음이 빛 조각으로 튄다

베 짜이듯 펼쳐지는 한세상이 어느 게으름뱅이에 의해 구원받는가?

그런 것처럼

어느 게으른 신神에 의해서 구린내 진동하는 인간 세상이 소란스러운가

겨울 모기

된바람 불어
양철지붕 들썩이는 소리에
돌처럼 딱딱해지는
심장,
색 바랜 계절에
치열했던 수풀의 경쟁은 끝났고
피사발 들이키며
독기 어리던
눈에
개씨바리 끼었다
달아나는 그림자에 해는
짧아지고
벽에서 덜렁거리는
누런 계획표
계산 못 한 날이 얼마인가
고리 삭은 날 팔다리가 마음대로
움직여 주질 않아
눈치껏
안방 건넛방 옮겨 다니며
유지하는 명줄이
구차하구나

이징가미

질그릇 바싹, 깨진 날에 미리 겁먹지 마시라,

이제,
입이 있어 먹겠는가
귀가 있어 듣겠는가
눈이 있어 보겠는가

사후세계도 산 자들의 허풍 이야기로 풍년이라

젊은 날 은밀히 즐긴
손수건을

북망산천에 깃발로 걸어두어 천년쯤 본보기로 펄럭이게 할지 누가 알겠는가

저잣거리에 매단 악인의 수급이 슬쩍, 눈을 떴으니
죽어서도 부끄러워라

그날에, 천칭은 서릿발 같으니 까먹지 않은 볍씨 하나도 올려지리라

진흙탕 길에서 몸부림쳤다는 변명은

통하지 않을 것이며

밥상을 물리기 전에 밥알이 붙었는지 세세히 살펴 정갈한 입성으로 뒤따라야 할 것이다

네가 생각하는 길보다 훨씬 더
엄한 길이 될 터이니

[발문] 벼랑과 벼랑 사이

오래된 것들에는 서늘한 어둠이 배어 있다. 대개 끝에 가까운 것부터 차례로 닳아가기에. 무릎 꿇기 직전의 늙은 노새 정강뼈(〈둑〉)처럼, 아무리 금 간 곳을 덧칠해보아도 끝내 허물어지고 말 오랜 벽(〈시작과 호사〉)처럼. 내일쯤 무서리 뽀얗게 뒤집어쓸 구절초 한 뭉치(〈잔인한 계절〉)처럼.

『관계의 허기』가 보여주는 정능소의 세계는 이처럼 허물어짐이 예비된 곳이며, 비정함 그리고 허망함을 도처에서 발견하는 잿빛 공간이다. '모든 것들이 바래지는 흐릿한 날' 쓰인 그의 시 안에서 죽음과 삶, 환희와 슬픔, 아름다움과 추함의 경계 또한 무너져 내린다.

생채기로 가득한 생을 이어가면서도, 시인의 시선은 결코 가시에 찔리는 아픔과 핏물이 배어든 상처에만 머물러 있지 않는다. 아니, 오히려 그의 결기는 천길 벼랑 앞에서 더욱 빛난다.

중심을 잡자,
내가 흔들리는 게 아니라 땅이 비틀리는 중이니까

벼랑과 벼랑 사이
아득해도

절묘한 줄타기로 쓰러지지 않으리

<황반 변성> 중에서

'내가 흔들리는 게 아니라 땅이 비틀리는 중'이라는 문장은 일종의 선언이다. 모든 것이 허물어지는 와중에도, 더는 견디지 못할 듯한 순간에도, 시인은 한 발 더 내딛기를 선택한다. 철길이 끊어진 곳까지 죽어라 달려야 하는 기차처럼, 그는 끊긴 길 위에서 생을 이어 쓸 수밖에 없는 시인의 천명을 기꺼이 감수한다.

정능소의 시를 읽는 순간에도, 여전히, 우리는 생이라는 비정한 바퀴를 굴려야만 한다. 사람과 사람 사이, 그 관계는 또 얼마나 허망한가. 말들은 홑겹 벽처럼 너무도 쉽게 부서져내리고, 떠도는 마음은 제 때 수신되지 않는다.

하지만 그의 시는 이 메마른 세상에서 끝내 살아남을 것임을, 안다. 우리가 살아, 아직 신발이 필요한 지상에 머물러 있는 한은. 허물어지는 순간에도 누군가는 끝내 말을 건네야 하는 한은.